U0035149

# 日本時代臺灣運動員的奧運夢

## 林月雲的三挑戰與解開裹腳布的女子運動競技

金湘斌──著

# 推薦序

今年五月，武漢肺炎（新型冠狀病毒病COVID-19）在臺灣肆虐延燒，疫情嚴峻，確診或死亡人數逐日攀升，全國進入三級警戒管制階段，人心惶惶，生活作息，備受考驗。這時，接到摯友湘斌教授大作：《日本時代臺灣運動員的奧運夢：林月雲的三挑戰與解開裹腳布的女子運動競技》乙書。當下，想到湘斌真夠認真，學校已柔性封閉，停課不停學，甚囂塵上，或採遠距視訊，補足實際教學者有之；或以彈性考核，線上互動者有之，師生手忙腳亂，不難想見，應變策略，各顯神通，難求一致，而湘斌仍能從容不迫，氣定神閒，出版專書，體現「戰時如平時」的穩健，值得敬佩。

本書是湘斌任教國立高雄師範大學以後的第三本專業著作。三兩年內，能陸續出版專書，不只產量驚人，內容豐富，品質尤佳，除展現湘斌為學功力深厚，執著踏實，自我精進不懈，當為同儕肯定外，本書的適時問世，頗具下列重要意義：

第一，13年漫長歲月的積累，成品彌足珍貴。林月雲的再現，湘斌費盡苦心，從起心動念撰述開始，到著手廣泛蒐集相關資料，四處奔波訪談，歷經13年，沒有相當的堅持，超強的毅力，無以克竟全功。相信，湘斌近年來熱心臺灣體育運動史的研究，累積的研究能量，足以令人刮目相看。

第二，運用科技，還原現實場景，值得推崇。歷史的限制，在於時間一去不復返，歷史之無法避免後設建構，實有其不得不然的困境。本書除實體文物呈現外，透過文物修復與老照片著色，使再現歷史更貼近現場，不只增加閱讀興趣，更具臨場感，增添不少歷史的生命力。

　　第三，追尋臺灣女子身體文化的發展軌跡，功不可沒。多年來，湘斌致力探索日治時期臺灣女子身體文化議題，有目共睹。從女子纏足到身體解放，從學校女子體育課程的開設，到女子競技運動的參與，甚至臺灣女子運動水準得有機會與日本國內的選手相抗衡，並大放異彩，展現臺灣環境的特殊性，更顯露臺灣女子運動才華的優越性，值得重視與開發。

　　第四，得到文教基金會的支持，協助出版，值得喝采。湘斌於2020年，曾以臺灣政商名人「陳啟川」為對象，出版《日本時代臺灣運動員的奧運夢：陳啟川的初挑戰》，獲得肯定。本次專書出版經費，「陳啟川先生文教基金會」，基於認同臺灣田徑運動文史的重要性，慨然應允贊助，意義非凡。

　　總之，本書起承轉合，結構嚴謹，從引言到結論，論述皆有所本，除林月雲生前故事外，將珍藏的成績紀錄、獎牌、獎狀及現場畫面等文物資料，一一披露，最後並附有林月雲年表，藉能深入瞭解其人其事，生動感人，是值得閱讀的好書。付梓前夕，先睹為快，略綴數語，藉申賀意，是為序。

國立臺灣師範大學名譽教授

許義雄　謹識

2021年6月

　　某年某月某日的晚上，我被邀請到國父紀念館去觀賞由雲門舞集林懷民總監所執導的《薪傳》。其實這已經我是第N次欣賞這齣戲了，我還曾經因為要看表演而前往香港，事實上，這齣舞臺劇就是編得那麼好，那麼令人感動，完全將先人渡海到臺灣的精神，透過舞蹈演出展露得如此真切。

　　我記得坐在第一排的是懷民父母親，我前去打招呼時，曾經擔任過交通部長，也曾經連任兩次嘉義縣長的林金生先生，對著我說：「我們家最適合從政的是林懷民，但他對舞蹈的執著更是瘋狂」。

　　當時坐在我後面的是李永萍女士，她在馬英九市長時代，曾擔任過臺北市副市長，也擔任過立法委員及臺北市文化局長，而坐在我右手邊的是李永萍的母親，突然間，她問我：「你認識林月雲嗎？」我回答：「當然認識，而且她真是偉大，她是我的標竿。」結果李母說：「林月雲是我的阿姨。」哇，真是不可思議的一件事，李永萍要稱呼林月雲老師「姨婆」耶！

　　從金湘斌教授所著的《日本時代臺灣運動員的奧運夢：林月雲的三挑戰與解開裹腳布的女子運動競技》這本書，才知道從前纏足的婦女有多可憐，想著想著，我外婆的影子出現了，她也是小時候

被纏足，長大了再被解放的婦女，但我們這些後代子孫還可以看到她被纏足留下的遺痕。

我認識林月雲老師時，她在彰化商職任教，那時她是省運會好幾項紀錄的保持者。對於這位大前輩，我除了尊敬，還是尊敬，萬萬沒有想到她竟然是李永萍的姨婆。

透過金教授的書，我覺得我才是真正深入認識林月雲老師這位大前輩。林老師三度追尋奧運夢想，她那鍥而不捨的精神，更是令我感佩不已，從本書中的描述得知，林老師這三次追逐奧運之夢，很可惜每次都擦身而過，留下終身遺憾。

可能是巧合吧！林月雲老師三度追逐奧運之夢，而我竟然也剛好參加了三屆的奧運會——1960年羅馬奧運、1964年東京奧運和1968年墨西哥奧運。儘管林老師奧運之夢未能如願，但她在日本女子體育專門學校時打敗日本女選手的偉大成就，以及所展現之運動員精神，絕對值得永誌臺灣的體育運動史。

財團法人希望基金會　董事長

紀政　謹識

2021年6月

# Contents

# 引言

## ❖ 十三年前追尋林月雲田徑生涯的足跡

依稀記得2008年時，受徐元民教授邀請加入〈台灣當代樹立體育專業形象的知識份子〉的研究團隊，就在這個時候開始翻閱、尋找可撰寫的日治時期臺灣體育運動著名人物。由於，自己本身對田徑運動有著濃厚情感之故，一開始便以此為方向，先行鎖定陳清忠、林進川、何友澄、高兩貴、林朝權等臺灣田徑界前輩。但是，當翻閱到《臺灣體育史》中的「臺灣體育協會主催各種女子陸上競技（田徑）會紀錄」時，就被林月雲所創的三級跳遠、100公尺等成績，以及能代表臺灣前往明治神宮體育大會的事蹟深深吸引。接著，再深入檢索發現，林月雲曾經多次參加日本的全國選拔賽，有著企圖進軍世界運動競技最高殿堂與挑戰1932年、1936年奧林匹克運動會（Olympic Games，以下簡稱奧運會）的決心，雖最終她未能獲得機會，一圓奧運夢，但其耀眼的運動成就和追求卓越的過程，相信已為臺灣女子運動員挑戰奧運會的歷史寫下篳路藍縷的序曲。

然而上述的事蹟，似乎隨著林月雲從田徑場退役、日本殖民統治時代的結束，以及半世紀以上的沉寂後，她的名字逐漸在體育

運動界為人所淡忘，且在許多文獻上也遍尋不著，空只有在《臺灣體育史》、《台灣光復後田徑運動發展之研究》、《日本陸上競技史》等書中，記載著些許名次與秒數，對於她的生平、事蹟及成就，彷彿如人間蒸發般消失了。這讓筆者感到十分訝異與惋惜，相信這與林月雲在臺灣體育運動史的份量著實不相稱，更遑論她在臺灣女子體育運動發展歷程上的地位。

為此，筆者自2008年起開始翻閱《臺灣人士鑑》、《臺灣日日新報》、《読売新聞》、《日本陸上競技史》等文獻資料，親赴國立彰化女子高級中學、國立彰化高級商業職業學校、臺中陳永茂宅等地，不放過任何的蛛絲馬跡搜尋相關史料與進行訪談，並於2009年完成〈臺灣女性運動員的先驅——林月雲〉乙文。

有趣的是，這並不意味著就此完稿結束，對筆者而言又是一解鎖新研究天地——臺灣女子體育運動史的開始。畢竟，礙於截稿壓力，在2009年的文章中，僅是交代了大致的來龍去脈，實際上關於林月雲三度追逐奧運會夢想的過程，仍有些許事蹟未解。除此之外，在深入探究林月雲所處的時代背景時，更發現臺灣女子體育運動在日本統治前期變動極為快速，且在歷經纏足→解纏足→天然足的過程中，還存有著「在纏足世代下女子體育如何實施？」、「在纏足／解纏足世代交錯中女子體育如何走向教學正常化？」、「進入天然足世代後什麼時候打破無緣從事運動競技的藩籬？」、「又是在什麼樣的契機下使得女子運動選手可以正式登場競技？」等諸多問題，有待進一步深究。基於此，筆者於2009年概略性地整理相關文獻史料後，在國際研討會上發表*From Foot Binding to Tournament*

*Competition—Taiwan Women Sports during the Japanese Colonial Period* (1895-1945)乙文,並提出不算是太成熟的「纏足到競技」論述軸線及些許初步的想法,雖說僅是簡單概述,但總之也跨出了研究臺灣女子體育運動史的第一步。

## ❖跨入日治時期臺灣女子體育運動史研究

2010年初,赴日留學前往金澤大學投入大久保英哲教授門下攻讀博士學位,原先預計以「日治時期臺灣學校運動會」為題,撰寫論文。然,在同年5月參加「日本體育史學會春季例行研究會」時,巧遇曾經特意聽過我發表日治時期臺灣女子體育研究的楠戶一彥教授,這時他便隨口問到:「纏足與女子體育的研究有持續努力進行嗎?這個研究很有意思,務必將其整理出來的研究成果投稿!」但對當時已決心研究運動會的我而言,則是面露消極敷衍的態度,想要胡亂找個藉口搪塞過去,楠戶教授見狀,便直接跑去找大久保教授相談此事,希望能力勸我改以「纏足與女子體育」為主題撰寫博士論文。回到金澤後,大久保教授則是對我說:「總之,先蒐集相關資料,暫時以這個為研究主題,嘗試撰寫一篇投稿論文吧!」

為此,我便開始一邊翻閱、研讀《ブルマーの社会史 女子体育へのまなざし》、《近代日本女性体育史—女性体育のパイオニアたち—》、《モダンガールと植民地的近代》、〈植民地支配、身体規律、「健康」〉、《纏足:「金蓮崇拜」盛極而衰

的演變》、《近代台湾女性史 日本の植民統治と「新女性」の誕生》、〈日據時期台灣的女子教育〉、〈日治時期臺灣學校女子體育的發展〉、〈日治初期（1895-1916）臺灣公學校的女子體育與放足運動〉等相關研究文獻，一邊則是著手從《臺灣日日新報》、《臺灣教育會雜誌》、《臺灣總督府公文類纂》、《臺灣婦人界》、《創立滿三十年記念誌》、《臺北第三高等女學校創立三十五周年記念誌》、《臺灣教育沿革誌》等文獻中蒐集與女子體育相關之史料。就這樣，正式跨足投入日治時期臺灣女子體育運動史研究，且在歷經三年時間的資料研讀與辛勤撰寫後，遂向日本金澤大學提交〈纏足から天然足へ：日本統治前期（1895～1925年）台湾における学校女子体育に關する研究〉之博士論文。

承上述，該文在探討「纏足至天然足」的轉移過程中，提及隨著學校纏足者與解纏足者的逐步下降，纏足對學校體育授課的影響也隨之減少。而且，殖民地教育當局亦顧慮到臺灣女學生從纏足→解纏足→天然足的足部狀態變化，並針對此進行如何實施女子體育的相關研究。另就其變遷過程與具體的實施內容，大致可分為三個時期。第一，纏足放任期（1895～1905年）：以唱歌遊戲、表情遊戲、行進遊戲等遊戲為中心。第二、解纏足獎勵期（1906～1914年）：採用減輕腳跟的負擔或省略舉踵方式來實施體操。第三，天然足普及期（1915～1925年）：從體操的施行到100公尺競賽、大隊接力、跳高等運動競技項目的舉行。整體來說，此三階段不同的臺灣學校女子體育實施轉變方式，可謂是突顯出如何因應從纏足到天然足重要的發展歷程。再深入剖析，可窺知這樣從身體障礙到身

體健全的臺灣學校女子體育變遷歷程，同時體現出日本殖民地政府對臺灣殖民地人民進行身體改造的過程。當然，這也是迥異於日本女子體育運動史的特殊發展現象，是為臺灣女子體育運動史的一大特徵。

不過相信與本書有著極大關連之處，莫過於「纏足到競技」的軸線連結。當然，在此也必須重申一點，就算歷經纏足身體解放後，也並不代表臺灣女子就要參加運動競技；相反地，作者所關注的焦點在於，臺灣女子若要從事運動競技前，則勢必要先擺脫纏足世代的身體糾纏。

因此，當我們回頭檢視日治前期臺灣女子體育運動發展的時候，就會發現最令人驚訝的進展是，自1915年臺灣總督府發起禁止纏足與獎勵放足運動的短短十數年間，日本殖民教育者毅然決然開始著手打造符合天然足世代的體育教科書，逐步將實施焦點轉移至關注男女生理特徵不同之上，雖說仍受限纏足世代母親教導價值觀的影響，致使臺灣女子有排斥運動競技的傾向，但在日本內地女子體育運動風潮的助長、臺灣第一次「女子體育講習會」的開辦，以及1925年臺灣女子運動選手在「第六屆全島陸上競技大會」的初登場，無疑皆顯示出臺灣女子從深居簡出至參與運動競技觀念上的轉換，更是被視為解放的象徵。而在1927年《學校體操教授要目》與1928年〈高等女學校規則〉將運動競技列為正式實施項目後，除使得臺灣女子體育運動的樣貌有了今日的雛形外，同時也為臺灣女子體育運動競技的發展構築出飛躍性的基石。

上述不恰好正說明，在擺脫纏足束縛過後，臺灣女子體育運動

除有快速的轉變與飛躍性的成長外，亦突顯不同世代間臺灣女子身體上的差異。同時，更呈現出臺灣女子體育從解開裹腳布到奔馳於運動場上時，必先矯正異常身體障礙之特殊過程，甚至是點出臺灣女子體育運動史曾歷經「纏足到競技」的獨特滄桑過往。

基於此脈絡與為使讀者理解日治時期臺灣女子體育運動的發展，本書特別以「解開裹腳布的女子運動競技」為副標，並收錄〈附篇：纏足到競技〉乙文，期待藉由「不自由的身體：受纏足、解纏足影響的臺灣女子體育」、「『足』的全面解放：天然足世代興起的臺灣女子體育」、「臺灣女子田徑運動的濫觴」三個主軸，分別闡述「日本殖民者眼中的纏足」、「未明文規定的女子體育教學內容」、「女子體育全面必修制度的確立與異常狀態的矯正」、「對女子實施普通體操的正式確立」、「打造符合天然足世代的體育教科書」、「不喜愛運動vs.可運動的身體」、「日本女子田徑運動的初期發展」、「女子體育運動風潮：臺灣首次的『女子體育講習會』」、「狂倒纏足世代阿婆們：『第六屆全島陸上競技大會』女子選手的初登場」等子題，讓讀者們能深入淺出認識臺灣女子體育運動史的濫觴、臺灣女性參加運動競技的艱辛，以及1930年代臺灣女子體育運動正處於朝向多元化發展與恰逢運動競賽風潮等的時代背景後，方能清楚瞭解林月雲代表臺灣名揚日本明治神宮體育大會和三度試圖挑戰登上奧運會舞台的不易。

## ❖林月雲，一段鍥而不捨三度追逐奧運會夢想的征途

林月雲1915年9月8日出生，臺灣彰化和美人，先後就讀彰化女子公學校（今彰化縣民生國民小學）、臺中州立彰化高等女學校（今國立彰化女子高級中學，以下簡稱彰化高女）、「日本女子體育專門學校（今日本女子體育大學，以下簡稱日本女子體專）」[1]，身為臺灣初代「女飛人」的她，在日本太陽旗飄揚的時代，曾為實踐讓世界看見臺灣的理想，含著淚水忍耐苦痛不斷練習，只為爭取踏上奧運會的世界競技舞台。

圖1：1937年，《臺灣人士鑑》中的林月雲。

林月雲在彰化女子公學校求學期間，即展現過人的田徑天賦，就連高女組的大姊姊們，也未必是她的對手，至此便一頭栽入田徑運動的世界中，開啟長達十餘年不分晝夜辛勤從事田徑訓練的競速

---

[1] 前身為二階堂體操塾，於1922年創立。1926年，改制為日本女子體育專門學校，為日本女子體育最早的專門高等學校。1965年，再改制為日本女子體育大學。截至目前為止，培育出不少日本女子體育優秀之人才。今村嘉雄編，《新修体育大辞典》（東京：不昧堂，1967），1113。

生涯。進入彰化高女接受菊地千代壽指導後，於1931年9月的「第十二屆全島陸上競技大會」中，表現一鳴驚人，不僅創下臺灣女子三級跳遠的新紀錄，在100公尺項目的成績也名列前茅，更被膺選成為第一位代表臺灣參加明治神宮體育大會的「正港」臺灣本土女子運動員。

1931年11月，初次渡海東瀛征戰的林月雲，可謂是初生之犢不畏虎，在面對日本內地眾多女將環視的情況下，她以驚人的爆發力與絕佳的彈跳力揚名明治神宮體育大會，至此之後聲名大噪，更在日本內地舉辦的大小賽事中，多次登上80公尺跨欄、三級跳遠、跳遠等項目的后座，甚至曾經一度突破當時的日本紀錄。

1932年，林月雲與蕭織一同獲選為首次代表臺灣參加「第十屆洛杉磯奧林匹克運動會全日本預選會」的女子選手，然因乘船突遇暴風雨的襲擊，致使嚴重暈船狀況不佳，100公尺未能進入決賽，鎩羽而歸。1934年，已在日本女子體育專門學校留學第二年的林月雲，因100公尺與跳遠表現甚佳，被推薦為「第四屆國際女子奧運會日本女子代表隊候選選手」，不過在最終選考階段令人出乎意料地，她卻自行辭退，原因不明。

1936年，初次入選成為柏林奧運會日本100公尺、80公尺跨欄、400公尺接力三個項目候選選手的林月雲，背負著臺灣眾人的祝福與身為臺灣女性的自覺，不斷地對自我進行嚴厲要求、不曾懈怠，因在培訓期間表現脫穎而出，還被新聞媒體評選為最有機會參加奧運會的選手，距離取得奧運會的參賽權，可謂是近在咫尺。

然，此時厄運卻降臨了！

因拼命練習的結果，致使在最終預選會前夕感染急性肺炎，雖仍抱病上陣決心背水一戰，但卻未獲得勝利女神的眷顧，竟以0.1秒一胸之隔，與1936年柏林奧運會失之交臂，當場流下不甘、悔恨、傷心的眼淚，空留遺憾，黯然離場。

1937年9月，林月雲再次捲土重來，在做了萬全的準備後，「復出」，以12秒5刷新自己所保持的臺灣100公尺紀錄，再次獲得日本陸上競技聯盟技術委員會的青睞，成為1940年「東京奧運會日本第一候選選手」，正式向世人宣告第三度挑戰進軍奧運會的決心。不過，正當剛開始積極從事練習時，卻隨著中日戰爭已進入長期抗戰的態勢，連帶影響東京奧運會最終宣布停辦，致使挑戰奧運會又終成一場幻影。相信這對第三度目標參加奧運會的林月雲來說，僅能無奈接受此結果，收起釘鞋、裝備，轉身漸漸淡出她所熟悉的田徑跑道，空留曾經追逐過奧運會夢想的遺憾！

本書的主角──林月雲，身為臺灣首位目標奧運會的女性挑戰者，雖終究與奧運會擦身而過，但她三次參與奧運會選拔的歷程，無疑已為日後臺灣女子運動員擘畫出努力的方向與目標，當然亦為日後挑戰參加奧運會樹立起標竿和典範的作用。而且，在她用耗盡全身力量於運動場上奔馳、跳躍，並想藉此譜出「讓世界看見臺灣」宏大理想的運動員生命故事中，姑且先不論當時世界對女性參加奧運會仍存有許多壓抑、不公、歧視等諸多的偏見，若單就臺灣女子參與運動競技的歷程而言，或將其置於臺灣女子體育運動史的發展脈絡觀之，多少已透露出身處在日本時代臺灣女子運動員於殖民體制從事運動競技的艱辛與不易，甚至是那渴望藉登上奧運會舞

台發揚臺灣的動人精神，相信在在皆值得深入撰述討論，並極具體現臺灣運動文化的歷史意涵。

有關林月雲在田徑運動的成就與事蹟，基本上大多可在2009年所發表的〈臺灣女性運動員的先驅──林月雲〉乙文中，窺見概略性的框架，且隨著該文的印行，以及網路平台、新聞媒體的宣傳報導後，已逐漸讓臺灣民眾稍稍認識林月雲這位曾經在日本時代轟動體壇的田徑女將。但是，對於林月雲「代表臺灣揚名明治神宮體育大會」、「鍥而不捨目標參加奧運會」的詳細過程，其實還尚缺完整的專書論述及更清晰的輪廓，甚是可惜。

所以這十餘年來，筆者時常心心念念著此事，然因一直礙於尚缺史料，故僅能暫時擱置撰述專書的念想。慶幸的是，歷經十多年的史料蒐集和彙整，以及獲得陳啟川先生文教基金會、蕭織家屬、村山茂代教授等在文獻史料圖片上的大力協助後，皆使得林月雲三度追逐奧運會事蹟的輪廓日漸清晰。

特別是，伴隨著陳啟川先生於1931年親赴「第六屆明治神宮體育大會」所拍攝的林月雲三級跳遠照片、蕭織遺留下的1932年赴日本內地參加「第十屆洛杉磯奧林匹克運動會全日本預選會」前的壯行會、村山茂代教授所提供之1936年「奧運會最終預選會」80公尺跨欄林月雲和三井美代子對決等彌足珍貴老照片的發掘，都為臺灣體育運動史留下見證歷史一刻的瞬間。然而，這些老照片在沈睡約80年後，難免存有著斑駁、破損、發黃、不清等狀況。為此，筆者將蒐集到的老照片，除進行翻拍、去背、修復外，更是在不違反原意下，大膽採用現代技術重新上色，或是對不清晰處酌加變更呈現

方式，期望在鋪陳撰寫的過程中，以圖文並茂的手法，使林雲月能夠更生動地活躍於讀者們的心中。

為此，本書將以「孕育臺灣初代女飛人的彰化」、「展現潛能：彰化女子公學校、彰化高等女學校期間的磨練」、「跳出臺灣：赴日崢嶸震驚體壇」、「代表臺灣前往『第十屆奧林匹克運動會全日本預選會』」、「暴風雨的襲擊──狀況不佳晉級無望」、「三級跳遠超越日本全國紀錄」、「初次登上全日本后座」、「轉戰跳遠、80公尺跨欄」、「『第八屆明治神宮體育大會』的『銀恨』」、「入選柏林奧運會日本候選選手後的努力」、「病魔難防──1936年奧運會最終預選會」、「重披戰袍復出『第九屆明治神宮體育大會』」、「入選1940年東京奧運會日本第一候選選手」及與林月雲淵源甚深的「蕭織」、「三井美代子」等為子題，深入論述林月雲三度追逐奧運會夢想的征途。

# 日本時代
## 臺灣運動員的奧運夢：
# 林月雲的三挑戰

「林月雲」一位崛起於1930年代的臺灣女性田徑運動員選手，在日本太陽旗飄揚的時代中，她以驚人的爆發力與絕佳的彈跳力稱霸日本明治神宮體育大會，並數次奪得日本全國80公尺跨欄、三級跳遠以及跳遠之后座，其間更曾經一度突破當時日本的紀錄。此外，在1935年與1938年時，更被推舉成為「第十一回柏林奧林匹克運動會」，以及「第十二回東京奧林匹克運動會」日本代表第一候選選手，可謂是當時的臺灣之光。雖然，最後林月雲因病的關係和中日戰爭爆發，終究無緣參加1936年柏林奧運會和1940年東京奧運會，以及她所創之三級跳遠紀錄也終未獲得日本陸上競技聯盟承認。但是，她耀眼的運動成就和追求卓越的精神，已經為臺灣女性運動員挑戰奧運會的歷史寫下輝煌的一頁。[1]

---

[1] 金湘斌，〈追夢奧運～臺灣第一代女飛人林月雲的競技人生～〉，以海報發表於2011年身體文化學會研討會，彰化，2011。

# 代表臺灣揚名明治神宮體育大會

## ❖孕育臺灣初代女飛人的彰化

　　林月雲，臺灣彰化人士，為
人稱阿牛舍林緝宗與林吳卻的三
女，家中共有十姊妹與三兄弟。
其父在地方上頗有聲望，曾任彰
化建築組合理事，家中經營鳳梨
罐頭、味素、爆竹等工廠事業，
家境尚稱富裕。[1]

　　1915年9月8日，林月雲於彰
化郡和美庄柑子井（今彰化縣和
美鎮）誕生，因父母篤信算命之
言，故林月雲自小便受到極大的
呵護，被父母視為掌上明珠。林

■ 圖2：1930年代，彰化高女林月雲起
跑預備動作。

---

[1] 陳永茂（林月雲女婿）訪談紀錄，訪談者金湘斌，2007.12.8臺中葉明琪家樓下
　　大廳。此外，從戰後的報紙中得知，其父林緝宗當時曾擔任南光罐頭食品公司
　　董事長、南光爆竹工廠董事長、南光味素化工廠董事長。〈彰化爆炸案　已提
　　起公訴〉，《聯合報》，1953年2月26日，04版；〈詐投鉅資荒唐大騙案〉，
　　《聯合報》，1954年10月15日，03版。

氏身高約165公分、身材修長、為人直率與不輕言放棄之個性，似乎為林月雲日後從事田徑運動，造就了勇往直前、堅韌不拔的良好心理素質。[2]

　　誠如上述所言，林月雲因為自小即受父母寵愛的關係，所以不論是在受教育方面，或是從事課外活動方面，特別是體育運動，父母都無不給予相當大的支持，且從不加以干涉。林月雲先後入學於彰化女子公學校、彰化高女，在學期間即展現優異的運動天賦，並多次在地方和全臺灣的田徑賽事中獲獎。之後，更有幸代表臺灣赴日本參加明治神宮體育大會，一舉奪得三級跳遠第二名，除轟動全臺外，亦引來日本體壇的注目。於彰化高女畢業後，林月雲遠赴東瀛進入日本女子體專留學，多次在日本全國等級的賽事中，拔得頭籌贏得冠軍，也曾先後入選1936年柏林奧運會與1940年東京奧運會之日本國家田徑培訓隊選手。

　　那麼彰化究竟有何特殊環境能孕育出臺灣初代的女飛人呢？

　　首先，就學校教育方面來檢視彰化的體育運動發展。自1903年起，彰化管內公學校即有開始舉辦聯合運動會之記載，至1906年時參與之學生已達將近1,500人之多，其在運動會舉辦期間，於課後從事賽跑，或各種遊戲練習者亦不在少數。雖說，當時的參加者眾多，但是若詳細檢視這些報導內容，似乎還無法找尋到女學生參與的蹤跡。不過，這樣的情形很快地開始有了轉變，據目前可查閱的文獻可知，1908年起即有女學生參與運動會的紀錄出現，並且還

---

[2] 　陳永茂（林月雲女婿）訪談紀錄，訪談者金湘斌，2007.12.8臺中葉明琪家樓下大廳。

對她們出場參加「月瀨造花競爭」、「運轉世界大地球」等遊戲，給予實質的喝采，甚至亦有報導指出參與運動會全無纏足者。[3]此外，據彰化女子公學校教師的回憶表示，彰化女子公學校比其他女子公學校更早率先舉辦運動會，且均有很好的成績，參觀者們也都十分讚賞，對於喚起女子的向學心來說，可謂是十分成功；再者，同校職員姚錫奎又指出，運動會因具有聯繫街庄鄉親與家庭之功效，故舉辦運動會時在三方走廊下時常擠滿面帶喜悅、興奮的家長和來賓，觀看著在操場上既緊張又認真參加接力女學生的身影。[4]在彰化高女部分，則是因設校之初即重視女子體育的關係，加之對於運動精神甚為理解，故女學生在運動競技方面著實有目共睹，且自1921年起幾乎年年舉辦運動會，不僅有一般的競爭遊戲外，至1925年時還有100公尺、擲鉛球、三級跳遠、擲鐵餅等田徑項目的出現，運動競技風氣謂之盛行，甘翠釵還在校運中以飛越4公尺的佳績，打破臺灣女子跳遠紀錄。[5]由此可見，就臺灣學校女子體育整體發展而言，彰化地區可謂是進展相當順遂，亦具有指標性的意義。

---

[3] 有關彰化地區舉辦運動會的例子，請參閱金湘斌，〈日治初期臺灣初等學校運動會之歷史考察（1895～1911）〉（臺北：國立臺灣師範大學體育學系碩士論文，2007），209-220；〈中部運動會〉，《臺灣日日新報》，1908年12月4日，04版；〈南部行政（續）〉，《臺灣日日新報》，1908年12月8日，02版。

[4] 彰化女子公學校，《創立二十周年記念誌》（彰化：彰化女子公學校，1937），60、83。

[5] 〈彰化の運動會〉，《臺灣日日新報》，1921年11月27日，07版；〈彰化高女運動會〉，《臺灣日日新報》，1924年11月12日，04版；〈彰化高女第五回運動會〉，《臺灣日日新報》，1925年10月24日，01版；〈彰化高女の運動會甘氏翠釵臺灣女子〉，《臺灣日日新報》，1925年10月26日，02版。

其次，就彰化婦女參與運動風氣方面，另可從文獻史料中窺知，1925年由臺灣女性自組的第一個婦女組織──「彰化婦女共勵會」，在有感於臺灣婦女對體育運動的認知不足，致使女性身體虛弱，便決定於同年5月17日舉辦運動會，藉此鍛鍊筋骨、培養情性。此舉不僅獲得當時輿論讚賞，並給予臺灣婦女從事體育運動的正面評價外，更成為勉勵婦女從事體育運動的佳話。[6]且在同年10、11月，亦有彰化高女的甘翠釵、黃藝等女子選手分別在「第六屆全島陸上競技大會」與「臺中御大典記念全島陸上競技大會」中有奪冠的優異表現。[7]另外，若從學校運動社團與地方運動協會成立時間觀之，可發現彰化高女及彰化郡不約而同地皆於1927年的4月、11月先後成立陸上競技部，[8]積極推廣地方田徑運動相關事務。接著，再從《臺灣體育史》刊載1926至1931年間〈兒童陸上競技會紀錄（女子部）〉16次的舉辦地點來分析，更可發現光是臺中州就佔10次，[9]可見州內田徑運動風氣盛行，相信此舉也相對地提供與鼓勵了州下女學童參與田徑運動競技的機會，當然其中也包括了林月雲。

雖然我們無從直接得知林月雲本人，或是其家人是否有受到上述運動風氣的感染，但是就其父母從未持反對林月雲參與運動競技

---

6　游鑑明，〈日治時期臺灣學校女子體育的發展〉，《中央研究院近代史研究所集刊》，33（臺北，2000.6）：51。

7　竹村豐俊編，《臺灣體育史》（臺北：財團法人臺灣體育協會，1933），307-310、316-319。

8　竹村豐俊編，《臺灣體育史》，642、681。

9　竹村豐俊編，《臺灣體育史》，323-325。另有關當時臺中州體育運動發展概況，請參閱臺中州教育課編，《臺中州教育展望》（臺中：臺中州教育課，1935），129-148。

的態度，[10]以及受到當時彰化女子運動競技風氣盛行的孕育下，想必應當對她日後在從事田徑運動的過程中，帶來些許程度的影響。

## ❖ 展現潛能：彰化女子公學校、彰化高等女學校期間的磨練

▌圖3：1930年代，彰化高女運動會。

　　按目前可查閱的史料記載顯示，林月雲第一次參與正式的田徑競賽可能是1928年2月12日於臺中水源地運動場由臺中體育會主辦

---

[10] 陳永茂（林月雲女婿）訪談紀錄，訪談者金湘斌，2007.12.8臺中葉明琪家樓下大廳。

的「臺中御大典記念全島陸上競技大會」，此次她代表彰化女子公學校報名參加50公尺與100公尺兩項競賽，在圍觀群眾超越2萬名的加油聲中，分別以7秒4、14秒8獲得雙料冠軍。[11]就時年14歲的女生而言，林月雲的表現已然相當出色，不僅充分展現出在運動方面的天分與潛力外，其與生俱來的絕佳爆發力與速度，相信更為日後參與田徑運動打下良好的基礎。

自彰化女子公學校畢業後，林月雲進入彰化高女就讀，對她而言無疑是投入曾經孕育出不少臺灣籍女子田徑優秀運動員（例如：甘翠釵、黃藝、黃春、顏碧霞等）的大本營，雖說在林月雲入學前彰化高女已在臺灣各大田徑賽事中沉寂許久，不過在指導教師菊地千代壽與陸上競技部「鍛鍊身心、磨練技能、參加競技會」[12]的宗旨薰陶下，將給予林月雲日漸茁壯良好的田徑訓練環境。

加入彰化高女後，參與的第一場競賽為1928年6月3日的「臺中州下年齡別競技會」，在此次大會中她參加100公尺與三級跳遠兩項競技，分別以14秒4與9公尺22的成績獲得雙料冠軍。令人注目的是，這兩項成績均比同年4月甫在「第九屆萬國奧運會預選大會」獲得100公尺第一名的法水澄子和三級跳遠第二名的金兵百々子（臺北州立臺北第一高等女學校，以下簡稱臺北第一高女）還要來得優異，[13]或許就在擁有這樣出色的表現下，在赴日前林月雲幾乎

---

[11] 竹村豐俊編，《臺灣體育史》，323；〈臺中水源地に開始された　全島陸上競技大會　觀眾二萬を越ゆる盛況〉，《臺灣日日新報》，1928年2月13日，02版。

[12] 竹村豐俊編，《臺灣體育史》，681。

[13] 有關此成績比較，請參閱竹村豐俊編，《臺灣體育史》，307-310、323-324。另補充說明，國際女子三級跳遠項目係是自1920年開始舉行，但在當時因受到

都是以專攻100公尺與三級跳遠為主。

　　然而正當加入彰化高女田徑隊，在成績有所突破時，林月雲卻在接下來的二年間競賽成績並無顯著提升，僅只有在1929年的「第十屆全島陸上競技大會」中獲得三級跳遠第四名，[14]其成績只比上回進步12公分。不僅如此，彰化高女整個團隊也不如以往，似乎都籠罩於低氣壓之下，在運動場上顯得相當抑鬱。

▌（左）圖4：1930年代，彰化高女田徑隊員整理跳遠沙坑。
▌（右）圖5：1930年代，彰化高女林月雲與蕭織一同進行起跑練習。

醫學界的質疑，並認為會影響女子健康，故約在1928年時取消此項競技，直至1978年後才恢復，並在1990年被國際田徑協會列為正式項目。而臺灣女子三級跳遠項目則是在1925年「第六屆全島陸上競技大會」中即開始設立，若相較於戰後臺灣女子田徑運動，即可發現此項目為日治時期女子田徑運動的特色之一，當然這也與日本男子選手能在三級跳遠項目中稱霸國際有些許關係。再者，從臺中州體育主事兼臺灣體育協會臺中支部陸上競技部幹事早川喜代須的著作中，可發現三級跳遠項目被建議做為小、公學校與國語傳習所特殊之體育運動項目來實施，且是男、女通授，甚至還列出級位標準表，以供檢視級別。以上，請參閱早川喜代須，《體育の特殊的指導と實際》（臺中市：棚邊書店，1937），124-125、160。

[14] 竹村豐俊編，《臺灣體育史》，310。

(上)圖6：1930年代，彰化高女田徑隊員合影（林月雲、右十；蕭織、右五；菊地千代壽、右一）。

(下)圖7：1930年代，彰化高女田徑隊起跑練習（林月雲、後排右一）。

## ❖跳出臺灣：赴日崢嶸震驚體壇

▌圖8：1930年代，彰化高女田徑隊獲獎後合影（林月雲、第一排；蕭織、第二排右三）。

　　1931年對臺灣女子體育運動界而言，是至為重要關鍵的一年。因為，在這年當中林月雲將擊敗眾多好手，成為第一位代表臺灣參加日本明治神宮體育大會的「正港」臺灣本土女子運動員，並且還一舉奪得全日本女子三級跳遠第二名。自此之後，陸陸續續才有臺灣籍女子運動員赴海外參加運動競賽的光榮事蹟表現。

　　1931年9月26-27日，「第十二屆全島陸上競技大會兼明治神宮預選賽」於臺北帝國大學（以下簡稱臺北帝大）舉行。賽前《臺灣

日日新報》特派記者針對即將舉行的各項比賽進行分析，在女子100公尺方面焦點放在前年冠軍「內村貞（臺北第一高女）」[15]、新秀「新井數子（臺北第一高女）」[16]，以及橫山文子（臺北州立基隆高等女學校，以下簡稱基隆高女）、池田芳子（基隆高女）等擁有13秒實力的女將上；三級跳遠則是提及末岡俊子（高雄州立高雄高等女學校，以下簡稱高雄高女）、宮川千代子（基隆高女）等人有機會挑戰橋本靜子所保持11公尺16的日本紀錄。最後，僅在文末提到南部專攻短距離之彰化高女，其陣中的林月雲此次將嘗試挑戰100公尺和三級跳遠，另期待臺南州立臺南第一高等女學校（以下簡稱臺南第一高女）、臺南州立臺南第二高等女學校（以下簡稱臺南第二高女）、高雄高女、彰化高女等陣營中黑馬的出現，一舉登上后座成為新女王。[17]由此見得，在當年度勿論林月雲的實力，就連彰化高女整體的戰力都被低估了。

然而，在經過首日激烈的競爭過後，大會第一日共有女子80公尺跨欄、男子400公尺、男子400公尺接力、女子400公尺接力、女子擲鉛球、女子擲鐵餅、女子跳遠、女子三級跳遠八項臺灣新紀錄被締造，女性選手的活躍還被視為全面性的突破。而且也誠如特派

---

[15] 內村貞為當時臺灣女子100公尺紀錄（13秒）保持者，曾多次奪得全島100公尺、200公尺冠軍，有關內村貞選手的表現，請參考竹村豐俊編，《臺灣體育史》，307-309、327、346。

[16] 新井數子為本次大會女子100公尺冠軍（13秒4），有關新井數子選手的表現，請參考竹村豐俊編，《臺灣體育史》，307-309。

[17] 〈全臺灣陸上競技選手權大會の展望　神宮進出を前にして〉，《臺灣日日新報》，1931年9月26日，06版；〈全臺灣陸上競技選手權大會　二十六日愈よ開幕〉，《臺灣日日新報》，1931年9月26日，07版。

記者的期待，彰化高女扮演了黑馬的角色，並有林月雲、蕭織、廖貴雲、張娥、簡膾等多位優秀選手的竄出，其中林月雲除包辦100公尺的亞軍外，在三級跳遠項目中更是異軍突起，以10公尺46的佳績擊退眾多在臺日籍女子運動好手，並刷新由鶴田靜枝所保持10公尺33的臺灣紀錄。[18]對於本次大會林月雲的競賽過程，《臺灣日日新報》刊載如下：

▲女子百米決勝　一、新井（北一）13秒4　二、林（彰化）三、橫山（基隆）　四、高（北二）

　　起跑出發極強的新井完全壓制林月雲，並流暢地保持與林月雲之間的領先優勢，獲得優勝。而內村已無法壓抑後起之秀，僅有新井死守孤壘。不僅橫山與高妹有顯著進步，另可想而知林月雲將來必成大器。

▲女子三段跳（三級跳遠）決勝　一、林（彰化）10公尺46（臺灣新紀錄）二、末岡（南一）　三、宮川（KRK）四、菅（南一）

　　林月雲、末岡、宮川形成拉鋸戰，最後由彈跳力較強的林月雲以創紀錄之姿態獲得優勝。末岡10公尺32、宮川10公尺30、菅10公尺20，鶴田則是因狀況不佳而落選。[19]

---

[18]　竹村豐俊編，《臺灣體育史》，307-310。
[19]　〈八つの臺灣新記錄　きのふ神宮競技豫選大會で　目覺ましき活躍〉，《臺灣日日新報》，1931年9月27日，07版。

在本次大會中最令人震驚的是，莫過於林月雲三級跳遠的成績，比她二年前參加「第十屆全島陸上競技大會」的表現足足進步了1公尺12之遠，一舉躍升為歷年臺灣女子三級跳遠第二傑，僅次於諏訪代美的10公尺73非正式臺灣紀錄。[20]

　　隨後，《臺灣日日新報》在9月28日公布代表臺灣參加明治神宮體育大會田徑成員名單。[21]當然，林月雲也正因她優異的表現，順利獲選成為「第六屆明治神宮體育大會」臺灣女子100公尺與三級跳遠代表選手，首開「正港」臺灣女子運動員跨海征戰之先例。

▌圖9：1931年9月26-
27日，「第十二屆全
島陸上競技大會兼明
治神宮預選賽」參加
章。

---

20　1930年，諏訪代美（北二女）曾在「臺北州下女子中等對抗競技會」中創下10
　　公尺73的非正式臺灣記錄，請參考竹村豐俊編，《臺灣體育史》，350。
21　〈神宮めざす　選ばれた人々〉，《臺灣日日新報》，1931年9月28日，07版；
　　〈陸上競技代表　更に三名遠征〉，《臺灣日日新報》，1931年10月3日，02版。

▋（上）圖10：1930年代，彰化高女田徑隊與師長們合影（林月雲、右二；蕭織、右四；菊地千代壽、右一）。

▋（下）圖11：1930年代，彰化高女田徑隊合影（林月雲、左三；蕭織、左二）。

在準備前往日本內地參賽之前，由於基隆體育協會逕自向全日本陸上競技聯盟（以下簡稱日本陸聯）推薦臺北第一高女內村貞參加100公尺及800公尺賽事獲得同意下，因此臺灣陸上競技界旋即又發表將以高松芳子、山口美知、林月雲、熊谷保銳、末岡俊子，以及內村貞等人為中心，組編成女子200公尺接力與400公尺接力團隊準備出賽。[22]在此值得一提的是，由於本次代表隊女子選手較多於男子選手的關係，故引起些許人士對此結果甚感不滿，逼著本次臺灣田徑代表選手團總教練菊池文雄親上火線解釋說明，本次銓衡委員會是依照選手成績，且在比較臺灣與日本內地之結果後，得出女子選手較具有優勢，反之男子選手近來則是表現不佳，最後表示相當期待本次的參加選手，並提出應有超越內地一流選手之自信等的期望。[23]

　　至10月16日，終於到了北上準備出發的日子，同日下午1點，林月雲在彰化高女明倫堂參加由同校學生舉辦之盛大的必勝祈禱送別會後，旋即在菊地教喻的陪同下由彰化車站出發至臺北，踏上前往遠征明治神宮體育大會的旅途。[24]

　　1931年11月1、2日，「第六屆明治神宮體育大會」於東京明治神宮外苑競技場舉行，林月雲參加了100公尺與三級跳遠兩項個人

[22]　〈リレーチームを女子選手で編成　內村選手も參加して〉，《臺灣日日新報》，1931年10月11日，02版。

[23]　〈神宮陸上競技の遠征に際して〉，《臺灣日日新報》，1931年10月17日，02版。

[24]　〈神宮派遣選手 林氏月雲孃 十六日彰化驛出發〉，《臺灣日日新報》，1931年10月15日，03版；〈陸上競技代表來北〉，《臺灣日日新報》，1931年10月18日，02版。

競賽，100公尺雖然表現不甚理
想，僅止於第二輪，但在三級跳
遠項目中的絕佳表現，則是讓她
在眾多日籍選手的臺灣代表團中
脫穎而出。[25]

在大會首日，林月雲就以創
下臺灣新紀錄10公尺96的成績，
榮獲第二名，[26]震驚日本體壇，
其獲得佳績之消息立即用特電傳
回臺灣，甚至還以「女子三級跳
遠林月雲接近日本紀錄」為標
題，大大地刊載在《臺灣日日新
報》上，讓臺灣民眾周知這令人
振奮的賽事結果，報導內容大致
如下：

■ 圖12：1931年10月16日，參加「第
六屆明治神宮體育大會」必勝祈禱送
別會後留影。

> 林月雲所締造10公尺96之紀錄，已對橋本靜子所保持11公尺
> 16的日本紀錄形成威脅，勿論獲得的是第一名、或是第二
> 名，都比不上此佳績。[27]

---

[25] 竹村豐俊編，《臺灣體育史》，311、327。

[26] 宮木昌常編，《第六回明治神宮體育大會報告書》（東京：明治神宮體育會，
1932），374；山本邦夫，《日本陸上競技史》（東京：道和書院，1979），639。

[27] 〈女子三段跳にて 林孃日本記錄に接近 物すごき臺灣選手の活躍ぶり 神
宮競技の第一日〉，《臺灣日日新報》，1931年11月2日，07版。

而當日的比賽過程若從「第六屆明治神宮體育大會三級跳遠成績紀錄表（如表一）」觀之，更是顯得緊張刺激。林月雲自第一次試跳起就處於領先地位，第二次試跳時更是以10公尺96刷新個人最佳，並創下臺灣新紀錄。然眼看冠軍即將到手，出乎意料地在比賽進入至第六次試跳時，竟慘遭本次大會冠軍甲本智惠子以11公尺03的成績逆轉。那麼，當日比賽的詳細情況又是如何？據本次擔任臺灣田徑代表隊總教練菊池文雄在回臺後，接受記者採訪的回憶指出：

> 林月雲在第二次試跳時，即跳出10公尺96的成績，其他幾次的試跳也都有10公尺50-60的水準。在甲本最後一次試跳前確實見到林月雲的優勝，而各報社之寫真班的鏡頭也旋即開始展開總攻擊。就在此時，甲本卻在最後一跳跳出11米03，逆轉賽果。而甲本所跳之11米03，乃是臀部著地之紀錄，離腳約有將近20公分。運命啊！[28]

　　接著，記者又採訪林月雲提到：「林小姐你的第一步（指三級跳遠第一步）總是有點近，這次如何？」林月雲回答：「確實僅4公尺出頭，導致第二步約只有3公尺左右。這次在臺灣出發前，因腳傷導致有點腫脹，不過在練習時，曾有超越11公尺的成績出現。」[29]從

---

28　〈神宮歸りの―選手を迎へて歡談 車中での即興的な座談會〉，《臺灣日日新報》，1931年11月14日，06版。

29　〈神宮歸りの―選手を迎へて歡談 車中での即興的な座談會〉，《臺灣日日新

上述對話觀之，不僅可窺知本次林月雲帶傷上陣外，其在三級跳遠的技術上，似乎尚未成熟，故仍有持續進步的可能性。基於此，《臺灣日日新報》又另刊載對林月雲三級跳遠技術的評析與對未來的期許，內容如下：

> 以10公尺96獲得三級跳遠第二名的本島代表彰化高女林月雲，今後進步的關鍵在於短跑是否能突破13秒，若能突破日本紀錄指日可待。現階段，期待月雲小姐能針對三級跳遠的第一步進行鑽研，並得出有利第二步與第三步連接之好跳法，甚至能藉此延伸與增加跳躍距離，此為競爭之轉機。[30]

　　雖說，林月雲本次沒能一舉榮登明治神宮體育大會三級跳遠項目的后座，但是她傑出的表現與優異的天賦，已然引發臺灣田徑界對她後續發展的關心，甚至滿心期待、賦予她以打破日本三級跳遠紀錄為目標的責任。

　　榮歸故里後，令林月雲在運動生涯中感到最興奮的一件事情為，彰化高女校長親自率領全體師生，至彰化車站前列隊歡迎歸來，除為她戴上花環外，甚至還安排人力三輪車風光地沿彰化市區遊行答謝鄉親們的支持。[31]另值得一提的是，在這次赴日本內地遠

---

報》，1931年11月14日，06版。
[30] 〈林氏月雲孃の跳躍振り〉，《臺灣日日新報》（1931.11.14），6版。有關當時三級跳遠的訓練方法或是理想的三跳比例關係，可參考永田重隆，《臺灣體育之理論及實際研究》（臺北：臺美堂，1927），附錄10-12。
[31] 〈女飛人林月雲廣植桃李〉，《民生報》，1980年3月5日，03版。

征的過程，「首位企圖挑戰參加奧運會的臺灣籍運動員」——陳啟川先生也親自到場為林月雲加油打氣，並為臺灣代表隊拍攝不少紀錄照片，當然林月雲也沒讓大家失望，而且她的優秀表現不僅引起日本田徑界對她的注目，之後她更獲得當初提拔人見絹枝的日本女子體專校長二階堂女士的賞識與力邀前往日本內地留學，[32]進一步開啟日後追求挑戰參加奧運會的夢想道路。

表1：第六屆明治神宮體育大會三級跳遠成績紀錄表

| 姓名 | 試跳一 | 試跳二 | 試跳三 | 試跳四 | 試跳五 | 試跳六 | 成績 | 名次 |
|---|---|---|---|---|---|---|---|---|
| 甲本智惠子 | 10M39 | 10M67 | — | 10M64 | 10M85 | 11M03 | 11M03 | 1 |
| 林月雲 | 10M76 | 10M96 | F | 10M67 | 10M85 | F | 10M96 | 2 |
| 高田伸子 | 10M66 | F | 10M29 | 10M29 | F | 10M55 | 10M66 | 3 |
| 森岡富美子 | 10M62 | — | — | F | F | F | 10M62 | 4 |

資料來源：修改自宮木昌常編，《第六回明治神宮體育大會報告書》（東京：明治神宮體育會，1932），374。
資料說明：「F」代表失敗；「一」代表PASS。

---

[32] 張星賢，《慾望、理想、人生—談我五十餘年的運動生涯》（臺北：中華民國田徑協會，1981），55。有關二階堂卜クヨ與人見絹枝的關係，請參閱女性体育史研究会編，《近代日本女性体育史—女性体育のパイオニアたち—》，179-180。

▌圖13：1931年11月，於「第六屆明治神宮體育大會」奪得銀牌後，榮歸
　　臺灣彰化眾人於火車站迎接之場景。

▌圖14：1931年「第六屆明治神宮體育大會」林月雲三級跳遠助跑。

圖15：1931年「第六屆明治神宮體育大會」田徑場上的林月雲。

▌圖16：1931年「第六屆明治神宮體育大會」三級跳遠參賽選手們（林月雲、後排右
二）。

# 鍥而不捨目標參加奧運會

## ❖破天荒地、角逐1932年洛杉磯奧運會

### 代表臺灣前往「第十屆奧林匹克運動會全日本預選會」

自明治神宮體育大會結束返臺後，林月雲立即受到彰化高女與地方人士的熱烈慶賀，[1]但林月雲並沒有因獲得此殊榮而沉浸陶醉，相反地還朝向臺灣田徑界給予的目標與期望持續加緊努力練習。因為，五個月後在臺北帝國大學（以下簡稱臺北帝大）將要舉辦一場通往1932年「第十屆洛杉磯奧運會」的臺灣預選賽。

1932年4月29-30日，「建功神社奉納陸上競技會兼奧運地方預選會」於臺北帝大競技場舉行。在比賽前一日，《臺灣日日新報》將當日的競技時間表做了全部的刊登，而且從賽後的報導也得知當日天氣晴朗無風，似乎成為賦予林月雲締造紀錄的絕佳好契機。當日下午1點10分比賽開始，林月雲立即在開場的女子100公尺預賽中，除將個人最佳成績向上提升近0.4秒外，又以12秒9的佳績刷新由內村貞所保持的13秒0的臺灣紀錄。更重要的是，這是臺灣田徑界女子100公尺首次有人突破13秒大關，而12秒台的新境界，同時

---

[1] 〈會事〉，《漢文臺灣日日新報》，1931年11月12日，04版。

■ 圖17：林月雲膺選成為臺灣代
表，參加「第十屆奧林匹克運動
會全日本預選會」。

也意味著林月雲將有機會與日本女子短跑名將一較高下。不僅如此，在接下來的決賽中，雖然在起跑的過程並不順利，但是自60公尺過後，立即展現強而有力的衝刺能力，將橫山與新井遠拋在3公尺之遙，獨自壓線抵達終點，再度以12秒9的成績向眾人展示堅強的實力。另一方面，在個人拿手的三級跳遠項目中，更是在第五次試跳時以11公尺15（第一步4公尺8、第二步2公尺85、第三步3公尺50）的成績，再度刷新由自己所保持的臺灣紀錄，而且僅1公分之差就可以平日本全國紀錄，令眾人為之振奮。[2]

---

2　有關「建功神社奉納陸上競技會兼奧運地方預選會」與林月雲當日表現的報

■ 圖18：1932年「建功
神社奉納陸上競技會兼
奧運地方預選會參加章
（原文：昭和七年　萬
國オリムピック臺灣豫
選會參加章　臺灣體育
協會）」。

　　對於在本次大會所創的優異成績，《臺灣日日新報》直接指
出：「若林月雲在短距離方面能再稍加一把勁，目標洛杉磯奧運
之全日本預選並無不可能。」[3]換句話說，當時的臺灣田徑界普遍
認為林月雲是有機會角逐代表日本參加1932年洛杉磯奧運會的可能
性。基於此考量，在賽後幾日所召開的臺灣陸上競技部役員會議
中，林月雲也就破天荒地膺選成為首次代表臺灣女子（包含當時在

---

導，可參閱〈建功神社奉納　陸上競技會　二十九、三十の兩日　帝大競技揭
で〉，《臺灣日日新報》，1932年4月28日，06版；〈四つの臺灣新記錄　林
氏月雲孃の目覺しき進境　オリンビック地方豫選會〉，《臺灣日日新報》，
1932年4月30日，03版；〈陸上競技　臺灣豫選會　開於帝大競技場〉，《漢文
臺灣日日新報》，1932年5月1日，04版；〈臺灣の陸上競技界に　大きなスパ
イクの跡　前日に劣らす新記錄出づ　オリンビック豫選第二日〉，《臺灣日
日新報》，1932年5月01日，7版。另補充，林月雲所締造三級跳遠11公尺15之
成績，第一步距離為4公尺8、第二步距離為2公尺85、第三步距離為3公尺50，
因此若以現今田徑運動的觀點分析，林月雲係屬於平衡類型之三級跳遠選手。
[3]　〈四つの臺灣新記錄　林氏月雲孃の目覺しき進境　オリンビック地方豫選
　　會〉，《臺灣日日新報》，1932年4月30日，03版。

臺的日本人）角逐參加「第十屆奧林匹克運動會全日本預選會」第一人。此次主要推薦的理由與展望的目標，據《臺灣日日新報》的報導指出：

> 林月雲於上個月29、30兩日在帝大競技場所召開的國際奧運會臺灣地方預選會中，於女子100公尺項目在預、決賽中均創12秒9的佳績。另在三級跳遠部分，雖說已跳出11公尺15僅距日本紀錄一步之遙。不過，由於奧運會並無設立女子三級跳遠項目，故本次推薦參加角逐女子100公尺項目。目前確定應該會代表日本女子選手參加洛杉磯奧運會的有：100公尺與跳遠的渡邊すみ子、80公尺跨欄的中西みち。因此，女子400公尺接力就成為此次參與選拔的主要目標，另可想而知角逐接力隊成員的過程必定競爭激烈，林月雲務必挑戰一試。不過，目前短跑界尚有鹿島、高倉、村岡、荒子、中野等人虎視眈眈，免不了相當的苦戰。林月雲若能穩定表現出12秒7的話，相信將會呈現一場有意思的競爭。另值得一提的是，林月雲預計17日踏上征途，這也是臺灣女子參與奧運會預選賽的最初。[4]

從上述的評論中得知，林月雲若想要參加1932年洛杉磯奧運會的話，除必須在短時間內將自己100公尺的成績，穩定地向上提升

---

[4] 〈臺灣代表選手として　月雲孃を推薦に決定　全日本オリムピック豫選會に〉，《臺灣日日新報》，1932年5月11日，02版。

圖19：蕭織膺選成為臺灣代表，
參加「第十屆奧林匹克運動會全
日本預選會」。

0.2秒外，還要擊敗日本女子短跑界的眾多好手，才會有機會順利
入選日本國家代表隊。可想而知，必此過程勢必充滿許多未知的競
爭與挑戰。

　　同年5月14日，臺灣陸上競技部另行公布彰化高女蕭織也將代
表臺灣，參加「第十屆奧林匹克運動會全日本預選會」80公尺跨欄
項目，一同與林月雲前往明治神宮外苑競技場參與選拔，領軍教練
則交由一手培植兩位臺灣女子運動員的同校教諭菊地千代壽擔任。[5]

　　出發前夕，彰化高女特地為林月雲和蕭織兩人於明倫堂盛大
舉辦了一場類似今日授旗誓師的壯行會，並依入場、開會致詞、唱
歌（〈君之代〉）、壯行之詞、會長訓詞、來賓祝詞、選手宣誓、

[5]　〈全日本豫選會に　蕭氏織孃も出場　月雲孃と同行して　十七日ごろ征途に
　　上らん〉，《臺灣日日新報》，1932年5月14日，07版；〈林、蕭兩孃歸る〉，
　　《臺灣日日新報》，1932年6月6日，07版。

日本時代臺灣運動員的奧運夢：林月雲的三挑戰　051

唱歌（校歌）、閉會致詞、退場等儀式程序進行，一旁更張貼著從本校（彰化高女）→臺灣→日本的田徑紀錄表，無疑是向世人透露著立足學校、放眼臺灣、挑戰日本的躍進路徑。壯行會秩序流程結束，兩人又與校長等地方仕紳合影，最後菊地千代壽、林月雲、蕭織三人，在眾人的簇擁下，浩浩蕩蕩前往車站，搭車北上。同月16日抵達臺北，先至臺灣神社參拜，再親赴臺灣日日新報社接受採訪致謝；17日才乘坐吉野丸正式踏上競逐奧運會夢想的征途，準備前往日本東京神宮競技場與日本內地選手一較高下。[6]

▌圖20：1932年，彰化高女於明倫堂為林月雲、蕭織特意舉辦之「第十屆
　　奧林匹克運動會全日本預選會」壯行會。

---

[6]　〈けふ征途につく林、蕭の兩選手〉，《臺灣日日新報》，1932年5月17日，07
　　版；〈女選手發〉，《漢文臺灣日日新報》，1932年5月17日，08版；〈林、蕭
　　の兩選手　本社を訪問〉，《臺灣日日新報》，1932年5月17日，03版；〈林氏月
　　雲、蕭氏織孃の壯行會での挨拶〉，《臺灣日日新報》1932年5月19日，05版。

▌（左）圖21：1932年，「第十屆奧林匹克運動會全日本預選會」壯行會後，蕭織
　　（左）、林月雲（右）與彰化高女校長（中）合影。
▌（右）圖22：1932年，「第十屆奧林匹克運動會全日本預選會」壯行會後，蕭織
　　（右三）與教職員、地方人士合影。

▌圖23：林月雲與蕭織前往「第十屆奧
　　林匹克運動會全日本預選會」前在臺
　　灣日日新報社前合影。

## 暴風雨的襲擊──狀況不佳晉級無望

經過三日的乘船，林月雲與蕭織於20日抵達神戶港，但是由於在船上遭遇到暴風雨的襲擊，致使兩人均產生嚴重的暈船現象，所以在船上大多數時間僅能聽取菊地教諭講授一些技術，直至21日才可進行一點熱身。因此，據菊地教諭表示，兩人此時的狀況極不理想，希望在抵達上陸後，除能迅速恢復體力外，也期待在一週之內，能調整至最佳狀態。[7]

▌圖24：1932年，林月雲（右）與蕭織（左）搭乘吉野丸前往「第十屆奧林匹克運動會全日本預選會」。

1932年5月28-29日，「第十屆奧林匹克運動會全日本預選會」於東京明治神宮外苑競技場舉行，本次參加的女子選手約有共130名。大會首日，林月雲預定將在100公尺預賽D組出場參與選拔。[8]雖說詳細的競賽過程我們不得而知，但是從結果上來看，很可惜地林月

---

[7] 〈吉野丸　神戶入港　林、蕭兩選手　東京へ〉，《臺灣日日新報》，1932年5月22日，02版。

[8] 〈林、蕭兩代表の豫選入選は確實〉，《臺灣日日新報》，1932年5月22日，02版。

雲在100公尺的表現並沒有達到賽前期望，晉級決賽，就連拿手的三級跳遠也遠落後於臺灣預選會的成績，僅跳出10公尺66的成績，獲得第二名，甚是不理想；另一方面，蕭織雖在200公尺項目中表現不佳，但在80公尺跨欄項目則是正常發揮進入決選，並繳出第四名的佳績。[9]整體而言，雖說兩人此次均無緣入選日本奧運會代表隊，不過相信其為臺灣女子運動員開闢挑戰奧運會之路徑，實質上的意義已然勝於一切。

同年6月5日，菊地教諭陪同林月雲和蕭織搭乘大和丸返臺，回臺後先前往臺灣神社進行參拜、再去拜訪安武文教局長、高橋競技部長，以及臺灣日日新報社。此時，菊地教諭感嘆回憶表示，此次前往內地的途中，由於海象不佳造成暈船，對兩位選手成績表現的影響不容小覷，而林月雲更是因身體狀況欠佳，100公尺令人意外地僅跑出13秒3，與平常表現相去甚遠，於預賽時意外地敗戰；蕭織在200公尺預賽，很可惜地僅位居第三無緣晉級決賽，80公尺跨欄則是在決賽中，一開始與中西みち並駕齊驅，然因踢倒欄架，最後僅以第四名收場，辜負眾人的期望。[10]

## 三級跳遠超越日本全國紀錄

經歷了「第十屆奧林匹克運動會全日本預選會」的挑戰失利，林月雲在返臺後匆匆結束臺北的致謝行程，便啟程回到彰

9    〈林、蕭兩孃成績〉，《臺灣日日新報》，1932年5月30日，07版。
10   〈林、蕭兩孃歸る　期待にそむいてすまぬ〉，《臺灣日日新報》，1932年6月6日，07版。

化。[11]不過，對於前一場比賽成績表現不佳的事實，似乎並未使得林月雲有所怠惰。反而更激起她的鬥志，又立刻投入即將於兩個星期後在臺中水源地競技場舉辦的「第一屆臺中州下陸上競技會」。

這次的比賽，林月雲共參加了100公尺、三級跳遠、200公尺接力，以及400公尺接力等四個項目。在100公尺方面，雖奪得第一，但是成績並不盡理想。不過，她卻在三級跳遠的表現上，驚為天人！在第4次試跳中以11公尺51，超越原紀錄35公分的佳績，刷新日本紀錄，著實令臺灣民眾興奮不已，報紙上還以「破天荒的紀錄」來形容此事，立即將消息電發轉載給日本《読売新聞》，並向日本陸聯呈報此新紀錄。[12]

然可惜的是，此破紀錄之事竟因為臺中水源地陸上競技場尚未獲得日本陸聯的認證，故日本陸聯自然無法承認林月雲打破日本女子三級跳遠紀錄乙事，[13]最終僅能以突破日本紀錄，或是非正式紀錄稱之。對此，《運動年鑑昭和8年度》評價說到：「三級跳遠為日本男子選手獨霸世界之項目，雖對女子選手而言仍屬新興項目，但臺灣的林月雲、山形的石川、名古屋的渡邊等傑出的表現，說不定皆已達世界紀錄的水準。」[14]

---

[11] 〈參加競技大會 林、蕭兩女五日歸臺〉，《漢文臺灣日日新報》，1932年6月7日，04版。

[12] 〈林氏月雲孃（彰化）が 日本記録を破る〉，《臺灣日日新報》，1932年6月20日，07版；〈女子三段跳に新記錄〉，《読売新聞》，1932年6月20日，07版。

[13] 竹村豐俊編，《臺灣體育史》，360。

[14] 朝日新聞社編，《運動年鑑昭和8年度》（東京：朝日新聞社，1933），143。

林氏月雲嬢（彰化）が
日本記録を破る
十九日の陸上競技大會で
素晴らしい出來榮

圖25：林月雲三級跳遠超越日本全國紀錄。

圖27：1930年代，彰化高女田徑隊三人合影（林月雲、左；蕭織、中）。

圖26：80公尺跨欄，蕭織（左一）。

## 蕭織（1915-1994年）

1915年9月15日生，彰化社頭人，父親為蕭東筵（曾創立舊式糖廠，亦擔任過社頭公學校學務委員）、母親為蕭詹雅，家中兄弟姊妹有：蕭資深（1925年臺灣軟式網球雙打冠軍）、蕭慎（臺中御大典紀念競技會擲鉛球第三名）、蕭緩、蕭姁、蕭賞。蕭織先後就讀彰化社頭公學校（今彰化縣社頭國民小學）、彰化高女。在公學校求學期間，因時常追趕火車，又深染兄姊喜愛

■圖28：1933年，
蕭織畢業照。

運動之風氣，再加上自身對田徑有著濃厚興趣，及於課後參加學校田徑社團等緣故，從而練就一雙飛毛腿。

在進入彰化高女接受教諭菊地千代壽的指導後，蕭織於1932年4月29-30日「建功神社奉納陸上競技會兼奧運地方預選會」中技驚四座，不僅在200公尺、200公尺接力、400公尺接力項目獲得三面銀牌，更在80公尺跨欄項目中，以能大幅縮短欄間距的欄架跑法馳名全日本，並跑出僅次於稱霸日本內地中西みち選手的13秒2佳績，順利摘下臺灣后冠。此外，又連續兩日分別在200公尺與80公尺跨欄項目上打破臺灣紀錄，成為臺灣女子運動員第一位在此兩項目樹立臺灣新紀錄者。

1932年5月28-29日，蕭織與同儕林月雲一同獲選代表臺灣參加「第十屆奧林匹克運動會全日本預選會」，企圖在80公尺跨欄項目角逐奧運會參賽資格，雖說最終在80公尺跨欄項目上止步於第四名，無緣入選日本奧運會代表隊，但已為臺灣女子運動員開闢挑戰奧運會之路徑。返臺後，蕭織又於1932年10月16-17日參加「第十三屆全島陸上競技大會」，並奪得200公尺亞軍。不過，隨著學生生涯的結束，蕭織並沒有與林月雲一同前往日本繼續磨練田徑技術，而是選擇高掛釘鞋，結束她堪稱傳奇的田徑生涯。

## 有關蕭織的訪談小故事

2013年7月，筆者前往嘉義國立華南高級商業職業學校參加由廖俊易老師主辦的「高雄師大體育學系92級畢業十年有成同學會」。最有趣的是，會中與多年不見，且曾經同住在燕巢男宿321寢的林家煜同學（現服務於國立花蓮女子高級中學）除閒聊到大學期間與畢業後發生的瑣事外，竟然還意外地開啟有關「蕭織」的話題。當日的對話內容大約如下：

林：「湘斌，剛從日本回來啊！你的研究領域是？」

金：「今年4月回國，主要研究體育運動史的啦！特別專注在日治時期的相關研究，你應該不會有興趣的！」

林：「你說你研究日治時期體育運動史，你知道我阿媽嗎？在日本時代運動場上很有名的說！」

金：「說來聽聽，若是真的很有名，我一定知道！」

林：「她的名字，叫做林蕭織！」

金：「什麼？林蕭織，沒聽過唉！（一時沒有會意過來）什麼項目的？」

林：「田徑的啊！跑短距離的，聽我爸說，她年輕的時候真的很有名，而且都是第一名。」

金：「不可能啊！我研究日治時期臺灣田徑史也有一段時間了說，我記得相關文獻書籍中沒有一位叫做林蕭織的啊！（還是沒有會意過來，而且堅信自己一定沒有記錯）」

林：「忘記說，我阿媽有冠夫姓，她以前的本名叫『蕭織』！」

金：「什麼？天啊！居然是『蕭氏織』！她確實真的很有名，曾經保持臺灣二項紀錄，且代表臺灣去過日本參加

1932年奧運會的預選賽。對了，你阿媽200公尺大約跑27秒多，那你為什麼跑輸你阿媽！」

其實，在尋找史料的過程是很辛苦的！但，有些事情往往就是那麼地湊巧，我真的沒有想到跟我同窗四年的同學，竟是蕭織之孫，原來史料離我這麼近，真是踏破鐵鞋無覓處，得來全不費工夫。

之後，當然馬上聯絡同學的父親林憲興先生，想要進行相關的訪談。不過，卻礙於彼此工作繁忙的關係，直到2016年5月1日才到臺東登門拜訪，並親眼目睹林家保存之「昭和七年度記錄章　臺灣體育協會」、「建功神社奉納陸上競技會兼奧運地方預選會參加章」、「彰化高女田徑相關照片」等蕭織留存的體育重要文物。

▌圖29：1932年，蕭織於「建功神社奉納大會兼奧運臺灣預選會」以27秒4刷新臺灣200公尺紀錄之「昭和七年度記錄章　臺灣體育協會」。

▌圖30：1932年10月15日，臺灣體育協會主辦「第一屆全島女子高等學校對抗陸上競技會（原文：第一回全臺灣女高校對抗陸上競技大會　昭和七年十月　臺灣體育協會）」。


## 參考文獻／圖片來源

竹村豐俊編，《臺灣體育史》，臺北：財團法人臺灣體育協會，1933。

山本邦夫，《日本陸上競技史》，東京：道和書院，1979。

朝日新聞社編，《運動年鑑　昭和8年度》，東京：朝日新聞社，1933。

〈昭和六年度の　全臺灣陸上競技五傑　臺灣體育協會公認發表／女子之部〉，《臺灣日日新報》，1932年1月30日，06版。

〈建功神社奉納　陸上競技會　二十九、三十の兩日　帝大競技揭で〉，《臺灣日日新報》，1932年4月28日，06版。

〈臺灣の陸上競技界に　大きなスパイクの跡　前日に劣らす新記録出づ　オリンピック豫選第二日〉，《臺灣日日新報》，1932年5月1日，07版。

〈全日本豫選會に蕭氏織も出場〉，《臺灣日日新報》，1932年5月14日，07版。

〈林、蕭兩代表の豫選入選は確實〉，《臺灣日日新報》，1932年5月22日，02版。

〈林、蕭兩孃歸る〉，《臺灣日日新報》，1932年6月6日，07版。

〈秋天の下に飛躍する女流選手の爭霸戰〉，《臺灣日日新報》，1932年10月9日，06版。

林憲興（蕭織三男），面訪，臺東市林宅客廳。2016年5月1日。訪談人為金湘斌，國立高雄師範大學體育學系副教授。

## ❖負笈東瀛、挑戰1936年柏林奧運會

1931、1932年，臺灣女子田徑界的實力逐漸受到日本內地的重視，且有林月雲（100公尺、三級跳遠）、蕭織（200公尺、80公尺跨欄）、簡瞼（鉛球、標槍）等多位選手名列日本各項目之前十傑，在換算成積分後，總成績甚至高居日本總排名一、二，[15]其中又以林月雲的表現最受矚目。或許也正因為林月雲在三級跳遠與100公尺項目上，擁有出色的表現與潛力，故引起日本女子體專校長二階堂女士的注意，透過當時在早稻田大學留學之臺灣田徑名將張星賢傳達願提供免學費的條件，希望她能夠前往日本內地繼續深造。[16]經其穿

▌圖31：峰島秀子（上）、橋廣百合子（右下）、林月雲（左下）入學日本女子體專前之照片。

---

[15] 此方式乃是以當年度日本女子田徑項目前十名換化為積分加總後的排名順序，臺灣於1931年的總成績為全日本第二，1932年則躍升至第一。〈陸上十傑の地方別　首位は男子關東、女子臺灣〉，《読売新聞》，1933年2月10日，05版。

[16] 張星賢，《慾望、理想、人生─談我五十餘年的運動生涯》，55；〈女飛人林月雲廣植桃李〉，《民生報》，1980年3月5日，03版。

針引線後，才開啟了林月雲負笈東瀛，二度挑戰1936年柏林奧運會的道路。

承上述，在1933年林月雲即將於彰化高女畢業的前夕，又經楊肇嘉先生幫忙多次向林父說項，加上陳啟川先生也願一同擔任保證人下，最終才獲得家中支持，於畢業後獨自前往日本女子體專留學。[17]而且，在日本田徑界擁有人見二世盛名的峰島秀子與跳高名將橋廣百合子也將進入同校就讀。

對此，《読売新聞》還特地報導此消息，不僅向日本體壇傳遞幾位令人期待的新秀即將入學之訊息外，還預估這將會使得日本女子體專的實力，著實提升不少，並對日後的日本女子體育運動界形成二股不分軒輊的較勁勢力。[18]

### 初次登上全日本后座

進入日本女子體專後的林月雲，在1933年間所專攻的比賽項目基本上仍以100公尺與三級跳遠為主，其三級跳遠的成績似乎沒有

▌圖32：1933年，林月雲於「第七屆明治神宮體育大會」奪得女子三級跳遠冠軍。

---

17　陳永茂（林月雲女婿）訪談紀錄，訪談者金湘斌，2007.12.8.臺中葉明琪家樓下大廳；〈女飛人林月雲廣植桃李〉，《民生報》，1980年3月5日，03版。
18　〈女子體專へ志す數多の名花〉，《読売新聞》，1933年2月23日，05版。

太大的突破，大致上依舊徘徊在10公尺50至11公尺20之間。另一方面，在100公尺的表現則是呈現停滯不前，甚至反退的現象。[19]可是若站在訓練環境改變的角度來思考，或許林月雲正在調整自身必須適應日本內地氣候環境、飲食起居，以及訓練方式等諸多與臺灣不同面向的改變等。因此，這應該可算是遭遇訓練上的不適所致。除此之外，應該還可以從運動技術方面的角度來切入觀察，就「第七屆明治神宮體育大會」林月雲的表現，我們可以從報告書的評論中得知，據高田通觀察女子100公尺決賽表示：「雖說林氏是優秀的選手，但仍未琢磨。林氏為了注入肩膀之力量，強制了手腕之動作。應該以手肘圓滑地帶動身體才對。」[20]接著在三級跳遠部分又談到：「在三級跳遠中，並無技拔眾人之才，就紀錄上顯示實力在伯仲之間。以動作形式來看，林氏、椙原跳法相當不錯。林氏由於肌力強健，在練習試跳間已有相當不錯之成績。」[21]

　　從上述對林月雲動作的評論來推斷，林月雲應該仍保有相當的肌力與爆發力，極有可能正處在調適修改跑步姿勢動作的階段，故本年度的成績才會呈現不進反退的現象，總之這應當算是一種蟄伏的過程。

---

19　有關林月雲於1933年的成績表現部分，請參考「附錄二：林月雲田徑生涯參賽成績一覽表」，或是請參閱〈石津孃圓盤に新記錄 リンナー增田に敗る〉，《読売新聞》，1933年4月24日，03版；〈神宮兼全日本陸上關東豫選〉，《読売新聞》，1933年10月8日，05版；〈神宮兼全日本陸上豫選〉，《読売新聞》，1933年10月9日，03版。

20　高田通，〈女子は女子の環境に於て〉，《第七回明治神宮體育大會報告書》，宮木昌常編（東京：明治神宮體育會，1934），104。

21　高田通，〈女子は女子の環境に於て〉，104。

誠如上述之原因，本年度林月雲的成績表現可謂是不盡理想，在「第七屆明治神宮體育大會」女子100公尺項目中僅獲得第四名，在三級跳遠項目中，則是維持原有水準，以10公尺87奪下她生平第一座全日本冠軍。[22]

　　不過，很弔詭的是，此次她奪冠的消息，並沒有引起臺灣新聞媒體的注目，甚至連刊載的篇幅也不似1931年奪得第二名時來得醒目，《臺灣日日新報》僅刊登短短二行。而且不僅如此，就她留學的三年期間，其實我們很難從臺灣方面的資料，得知有關林月雲赴日發展的戰績與相關運動成就的評論報導。

　　若深入追究其原因，這或許與日本競賽制度有極大的相關，因為此時此刻下，她已經不是代表「臺灣」出賽，而是「關東」，所以其身影就可能不再是臺灣媒體追逐的焦點。這似乎與現今臺灣新聞媒體時常報導旅外選手之成就，有著極大的不同。不僅如此，透過觀察林月雲於留學時期的成績表現（參照「附錄二：林月雲田徑生涯參賽成績一覽表」）與對照日後返臺重新代表臺灣出賽的報導，更可發現因代表單位的不同，身為臺灣人的她，在此時所締造刷新的紀錄，均不被臺灣體育協會所承認列入臺灣最高紀錄。然而有趣的是，這些紀錄，卻在戰後為「中華民國體育協進會田徑委員會」所一一地追認，成為中華民國田徑最高紀錄。這樣的現象或多或少，也突顯出臺灣籍運動員在參賽代表身份上的矛盾問題。

---

[22]　高田通，〈女子は女子の環境に於て〉，104。

▌圖33：1933年「第七屆明治神宮體育大會」參加章。

▌圖34：1933年，林月雲（左一）於「第七屆明治神宮體育大會」中獲得100公尺第四名。

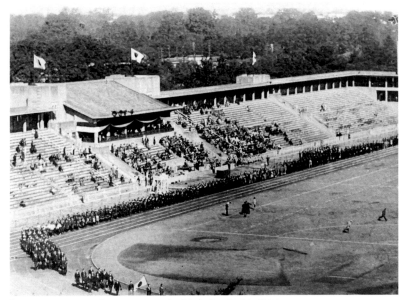

▌圖35：1933年，「第七屆明治神宮體育大會」運動員進場。

▌圖36：1933年，「第七屆明治神宮體育大會」明治神宮外苑競技場與入場式。

## 轉戰跳遠、80公尺跨欄

由於林月雲在本身秉持著優異速度與絕佳肌力的條件，在日本留學的第二年起，除了參加原本的專長項目外，還積極轉攻跳遠與80公尺跨欄等項目，並且展露其實力。至於為什麼要轉項的原因？林月雲回憶說道：

> 那時候一心一意要爭取參加柏林奧運的資格，於是集訓時比其他選手還認真。有一天日本教練看我速度增快了，叫我跨欄跑看看，一測量成績十二秒八，使教練對我信心提高，並開始教我跨低欄的技巧。[23]

另若以當時女性僅能參加少數國際賽事的角度來思考，其實轉戰80公尺跨欄，無疑是為了增加挑戰參加1936年柏林奧運會的機會；跳遠則是有可能為了參加「國際女子奧運會」而增加訓練。

### 表二：1928-1936年奧運會女子可參賽之田徑運動項目

| 奧運會屆次 | 女子可參賽之田徑運動項目 |
| --- | --- |
| 1928年第九屆<br>阿姆斯特丹奧運會 | 1.100公尺<br>2.400公尺接力<br>3.800公尺<br>4.鐵餅<br>5.跳高 |

---

[23] 〈女飛人林月雲廣植桃李〉，《民生報》，1980年3月5日，03版。

| 奧運會屆次 | 女子可參賽之田徑運動項目 |
|---|---|
| 1932年第十屆<br>洛杉磯奧運會 | 1. 100公尺<br>2. 400公尺接力<br>3. 80公尺欄架<br>4. 鐵餅<br>5. 跳高<br>6. 標槍 |
| 1936年第十一屆<br>柏林奧運會 | 1. 100公尺<br>2. 400公尺接力<br>3. 80公尺欄架<br>4. 鐵餅<br>5. 跳高<br>6. 標槍 |

資料來源：Olympics，〈AMSTERDAM 1928 ATHLETICS RESULTS〉、〈LOS ANGELES 1932 ATHLETICS RESULTS〉、〈BERLIN 1936 ATHLETICS RESULTS〉，<https://olympics.com/en/>，2021年5月20日檢索。

就目前可參閱的文獻顯示，自1934年起，林月雲整體比賽的重心，似乎有逐漸朝向以參加100公尺與跳遠為主，但這也並不是完全意味著將會放棄參加三級跳遠比賽。[24]在此特別值得一提的是，這年4月所舉辦的「第一屆關東女子陸上競技大會兼選拔第四屆國際女子奧運會（倫敦）」中，林月雲參加了100公尺與跳遠兩個項目，雖說已經無從得知實際參賽成績，但似乎表現相當優異，故被日本陸聯推薦為「第四屆國際女子奧運會日本女子代表隊候選選

---

[24] 請參閱山本邦夫，《日本陸上競技史》，646；〈關東女子陸上戰〉，《読売新聞》，1934年4月27日，05版；〈關東女學競技〉，《読売新聞》，1934年5月28日，05版；〈全日本陸上第一日〉，《読売新聞》，1934年10月21日，05版。

手」，不過在最終選考階段令人出乎意料地，她卻與同校的石津光惠（1932年洛杉磯奧運會日本女子鐵餅、標槍選手）一同自行辭退，原因不明。[25]

總結林月雲1934年於日本女子陸上十傑的表現為：100公尺第十傑（13秒1）、跳遠第四傑（5公尺28）、三級跳遠第一傑（11公尺24）。而在「關東女學校體育聯盟競技大會」所創的跳遠5公尺49，則是因上井草競技場未獲認證，故僅能列為參考。[26]

1935年的上半年，林月雲仍選擇以100公尺與跳遠做為主要參賽項目，在成績表現上依舊與先前差不多，舉例來說：100公尺大致維持在13秒初左右，跳遠則是穩定於5公尺30間。[27]關於此，1935年5月16日和6月24日兩封「張星賢致楊肇嘉函」，對林月雲的近況做出了這樣的描述：

> 月雲小姐狀況很好，但是林和引和兵明田似乎一開始，就沒有很順利的樣子。我告訴他們，剛開始狀況不順，總是難免，雖然說勿對自己過度要求，但是起始還是十分重要的，之後要更用心……。[28]

---

25  〈關東女子陸上戰〉，《読売新聞》，1934年4月27日，05版；〈女子オリンピックへ出場〉，《東京朝日》，1934年5月13日，不詳；勝場勝子、村山茂代，《二階堂を巣立った娘たち—戰前オリンピック選手編—》（東京：不昧堂，2013），117-118。

26  〈34年日本女子陸上10傑〉，《読売新聞》，1934年12月23日，05版。

27  請參閱「附錄二：林月雲田徑生涯參賽成績一覽表」。

28  張星賢，《我的體育生活　張星賢日記及書信》（鳳氣至純平等譯）（臺南市：國立臺灣歷史博物館，2020），205。

林和引和兵明田，看來這個春季並沒有拿到好成績。他們有在認真地練習，或許不久後將會有所表現吧。[29]

　　至下半年起，對於在日本蟄伏已久的林月雲來說，已然開始有了不同的轉變，並且準備逐步攀上她在日本留學生涯的運動高峰。首先，在6月30日的「第一屆三區域女子對抗陸上競技會關東預選會」中，她分別以亮麗的成績成功地奪下80公尺跨欄和100公尺雙料冠軍，當然也獲選為「第一屆三區域女子對抗陸上競技會」之關東地區代表。[30]而此次，林月雲成功轉戰80公尺跨欄的表現，《読売新聞》這樣提到：「林氏（體專）在狀況良好下，向80公尺跨欄發展，期待將來之輝煌表現。」[31]其實報紙會有這樣的評論，並不是全然因為她初次奪得這個項目的冠軍，而是她在該項目第一次就展現出13秒2的佳績，已然追平1934年度女子80公尺跨欄第四傑之成績。

　　其次，在進軍決選賽前，關東地區代表隊齊聚日本女子體專、東京芝公園進行合宿練習，並接受加賀、上田、村元等教練的指導。[32]在接下來的「第一屆三區域女子對抗陸上競技會」中，林月雲除在100公尺獲得第三名（13秒1）、跳遠獲得第一名（5公尺

[29]　張星賢，《我的體育生活　張星賢日記及書信》，207。
[30]　此次的比賽成績為100公尺為13秒1、80公尺跨欄為13秒2。〈圓盤と走高跳の日本記錄更新　關東女子陸上競技會〉，《読売新聞》，1935年7月1日，04版。
[31]　〈圓盤と走高跳の日本記錄更新　關東女子陸上競技會〉，《読売新聞》，1935年7月1日，04版。
[32]　〈三地域女子對抗陸上關東選手決る〉，《読売新聞》，1935年7月10日，04版。

38）外，又以進步0.3秒的12秒9佳績，擊敗去年度80公尺跨欄排名第一傑的三井美代子，[33]儼然成為問鼎「第八屆明治神宮體育大會」冠軍的熱門人選。

接著約過二個半月後，林月雲又在「第八回明治神宮體育大會關東、東京預選賽暨第一回東京選手權大會」中，分別以100公尺12秒8和80公尺跨欄12秒8的成績榮獲雙金，順利取得參加「第八屆明治神宮體育大會」的入場券，再度將個人狀況和成績向上推升一個層次，展現堅強的實力。[34]

## 「第八屆明治神宮體育大會」的「銀恨」

1935年11月2-4日，「第八屆明治神宮體育大會」於東京明治神宮外苑競技場舉行，林月雲這次主要參加100公尺與80公尺跨欄。據《読売新聞》報導指出，在本次競技會中非常出色之冠軍熱門選手有：跳高的廣橋百合子、80公尺跨欄的林月雲，以及擲鐵餅的石津光惠。另一方面，100公尺則是由於小谷的棄權，形成臼井壽美子與林月雲對戰的態勢。[35]

本次預賽部分，林月雲不論是在100公尺，或是80公尺跨欄方面，都以亮麗的成績，展現其角逐冠軍的企圖，也誠如《読売新聞》所預測，只有臼井壽美子與林月雲兩位選手在準決賽跑進12秒

---

[33] 〈四百砲丸圓盤に日本新記錄〉，《読売新聞》，1935年7月23日，04版。

[34] 朝日新聞社編，《運動年鑑昭和11年度》（東京：朝日新聞社，1936），114-115。

[35] 〈第八回明治神宮體育大會〉，《読売新聞》，1935年11月5日，04版。

072　日本時代臺灣運動員的奧運夢：林月雲的三挑戰與解開裹腳布的女子運動競技

■圖37：1935年，「第八屆明治神宮體育大會」女子100公尺決賽。

台，另在80公尺跨欄部分更是於準決賽繳出12秒6破個人最佳的成
績，以暫居總排名第一名的姿態闖入決賽。

　　然而，至100公尺決賽時，由於林月雲過於積極的動作，導致
60公尺過後加速無力，雖說臼井也有相同的毛病，但是因為其動作
未僵化的關係，終究以些微的差距勝過林月雲，成績同列為12秒
9。[36]另一方面，在80公尺跨欄競賽部分，竟然也遭受到相同的情
況，最終以12秒7「銀恨」，當時的報導如下：

---

[36] 有關當時女子100公尺的評析，請參考宮木昌常編，《第八回明治神宮體育大會
報告書》（東京：明治神宮體育會，1936），420。

在80公尺跨欄，因為林氏於準決賽締造12秒6之佳績，對上預賽僅有13秒0的田中，當然會有預測林氏優勝之想法。但是至決賽時，由於林氏在參加400公尺接力後，直接對上僅在五項運動中適度跳高後的田中，林氏相當可惜地輸給狀況不錯的田中。[37]

再者，觀察本次比賽的上田精一又言：

此二人進行0點一秒差距之大競爭。雖說林氏的姿勢非常之漂亮，但是優勝的田中其過欄之動作更為俐落。此外，也由於田中鬥志滿滿，結果其精神將林氏給壓抑住。[38]

整體而言，林月雲在賽前頗受大家的看好，其狀況也應該調整得算是不錯。然而可惜的是，卻在最後兩項決賽中，似乎還是欠缺臨門一腳，終究只獲得雙料銀牌，留下些許的遺憾，林月雲的心境在1935年12月致彰化高女校長的信中說到：

高女第10屆畢業　林氏月雲

親愛的校長

　　時序入秋，進入樹葉轉紅的季節。

---

[37] 〈第八回明治神宮體育大會〉，《読売新聞》，1935年11月5日，04版。
[38] 上田精一，〈女子競技〉，《第八回明治神宮體育大會報告書》，宮木昌常編（東京：明治神宮體育會，1936），447。

久未聯繫，校長是否依舊安康。

容我在此向您問候。

托各位的福，我現在精力充沛地努力面對每天的課業。

敬請校長安心。

距離畢業不遠了，我會持續專心的用功鑽研。

謝謝您。

熱鬧的第八屆明治神宮體育大會除了在各競賽項目留下耀眼的紀錄外，同時亦對世界顯示了「躍進運動日本」的精神。在獲得極佳的成果下，大會在四日閉幕。

閉幕典禮在四日寒冷的天氣中舉行。

在全日本女子選手權大會（係指「第八屆明治神宮體育大會」）中，我參加了100公尺、80公尺跨欄、400接力與800公尺接力。

或許是因為即將到來的奧運會，選手們都很興奮而導致結果不如預期。

未獲優勝感到十分抱歉。

或許校長看報紙已經知道了，但還是在這裡報告我的成績。

100公尺　　　　亞軍　　成績12秒9

80公尺跨欄　　　亞軍　　成績12秒7

兩項接力則皆為亞軍。這是我以學生身分，參加的最後一次賽事，儘管做了萬全的準備，卻以遺憾的成績劃下終止符。

母校的運動會應該越來越近了。

博覽會也必定盛大隆重。

東京最近早晚漸趨寒冷。

正值大家欣賞菊花的季節，非常熱鬧。[39]

　　從信中不難約略窺知，對於已經做好萬全準備的林月雲自認為
表現不如預期、不夠出色，辛勤的練習成果，卻僅換來「第八屆明
治神宮體育大會」的四銀，然若與過去的成績相比，以及參照1935
年度日本女子陸上十傑之80公尺跨欄第一傑（12秒6）、100公尺第
四傑（12秒8）、跳遠第二傑（5公尺36）排名來觀，[40]她無疑已將
自己的田徑成績推向至個人運動生涯上的顛峰，但仍無法填補缺
「金」的遺憾，甚至透露出想參加1936年奧運會，卻因過於興奮、
過度要求，而導致錯失良機的自我反省。

▌圖38：1935年「第
八屆明治神宮體育大
會」參加章。

[39] 林月雲，〈會員消息〉，《會誌》（臺中州：彰化高等女學校同窓會，1935），
　　28-29。
[40] 〈日本女子陸上十傑〉，《讀売新聞》，1936年1月15日，04版。

■ 圖39：日本女子體育專門學校跨欄訓練（林月雲上圖；林月雲下圖前排左一）。

## 入選柏林奧運會日本候選選手後的努力

　　結束「第八屆明治神宮體育大會」一番激烈的較勁過後，日本陸聯暫定預計派遣10名女子選手參加1936年「第十一屆柏林奧運會」，且在參酌國際情勢，以及為進一步砥礪日本國內女子田徑界的精進，認為集中發展某些項目和強化陣容是有其必要性。所以，將以女子可參賽之80公尺跨欄、跳高、鐵餅、標槍、100公尺和400公尺接力六項奧運會田徑運動項目為中心，先行遴選出日本國內20名優秀運動員，為「柏林奧運會日本候選選手（即奧運培訓選手）」，期望歷經五個月的專門培訓過後，再選出各項目之精銳進軍奧運會。

經過日本陸聯「女子競技委員會暨技術委員會」權衡整體過往運動競技成績與各方面表現下，想當然在「第八屆明治神宮體育大會」展現絕佳優異成績的林月雲，也順利獲得遴選委員們的青睞，入選成為100公尺、80公尺跨欄，以及400公尺接力三項之「柏林奧運會日本候選選手」。[41]對此，從林月雲寫給楊肇嘉先生書信中「東京臺灣同鄉會舉行的運動會中，她在一千多位臺灣鄉親的祝福下，透過會場的廣播，跟大家宣告她前進奧運的決心」[42]，以及「為了光耀『讓全世界看見我臺灣』的理想，我會努力踏上那榮耀的舞台」[43]的內容，不難窺知前進1936年柏林奧運會已不僅僅是她個人所追求

---

[41] 〈オリムピック陸上女子候補決定す　五種目・廿名の精銳〉，《読売新聞》，1935年11月21日，04版。

[42] 書信內文引自謝仕淵教授2020年10月11日於FaceBook發表的貼文。FaceBook，〈謝仕淵〉，<https://www.facebook.com/aian.hsieh>，2020年10月12日檢索。

[43] 書信內文引自謝仕淵教授2020年10月11日於FaceBook發表的貼文。FaceBook，〈謝仕淵〉，<https://www.facebook.com/aian.hsieh>，2020年10月12日檢索。另補充一點，在張星賢的回憶錄中，曾提及他與柯子彰、廖忠雄、李紹商、黃飛鳳、黃呈木、徐傺源、林月雲、林洪榮士、吳明捷、唐萬尊等體育界人士，以報告各自成績、互相激勵、安慰為目的，共組「東臺體育會」，並約定於一年之中不定期聚會見面，若恰逢楊肇嘉先生抵東京，則會改至楊肇嘉東京宅邸聚會相見。再者，由於楊肇嘉又曾特別提及：張星賢他們與日本人競賽獲勝，發揚臺灣人精神時，我快樂得手舞足蹈，而林和引、兵明田、楊基榮及林月雲的繼起，亦能替臺灣人揚眉吐氣。而張星賢本人亦存有「以接受做為抵抗」的逆向認同，並且將田徑場視為可以「打倒日本人」的場域。故由此可窺知，在當時有名的臺灣運動員之間，基本上可能多少都有想藉著在運動場上與日本人對抗，進而衍生出展現臺灣精神的共同理想目標。有關上述與衍生閱讀文獻，請參閱張星賢，《慾望、理想、人生——談我五十餘年的運動生涯》，58-60；張星賢，《我的體育生活　張星賢回憶錄》（鳳氣至純平等譯）（臺南市：國立臺灣歷史博物館，2020），159-160。張星賢，《我的體育生活　張星賢日記及書信》，9-23；林玫君，〈身體的競逐與身份的游移——臺灣首位奧運選手張星賢的身份認同之形塑與其糾葛〉，《思與言》，47.1（臺北，2009.03）：127-214。

的理想，她甚至還承擔著臺灣眾人的期待，努力地渴望踏上那夢想的國際競技舞台，只為向全世界展示來自臺灣女性運動員的實力，並藉此運動成就讓世人看到她所熱愛的故鄉——**臺灣**。然而，前往柏林奧運會之路，並非是容易的，仍充滿許多的未知與變數，且還有很多艱苦訓練與層層關卡，等待著林月雲去挑戰與突破。

入選日本國家培訓隊之後，首先須參加日本陸聯於1936年1月6日起兩週在鎌倉所舉行的移地訓練，[44]據同樣入選代表隊的臺灣男子田徑運動選手張星賢之描述：「因為這是冬季訓練，所以不能正式跑或跳，只是練習基本運動，在鎌倉神宮的石階上跑上跑下而已」[45]，約略可得知兩週合宿的冬季訓練情形，基本上以著重基本體能為主。那麼接下來林月雲詳細的訓練情形又是如何？從《読売新聞》的報導中約略可得知，林月雲在1月所舉行的田徑女子練習賽中，似乎有不錯的表現。[46]而且，林月雲為全力備戰，生平第一次沒有回故鄉——臺灣彰化過年，反而留在東京與廣橋百合子、三井美代子等三人，一同頂著寒風於每週的星期二、星期四在目白的學習院，以及星期六在東京芝公園的操場，不斷接受嚴格且辛苦的鍛鍊，頗獲得教練團的青睞，甚至還被新聞媒體評選為最有機會參加奧運會的選手，就僅端看「最終預選賽」的成績了。[47]另外，從張星賢寫給楊肇嘉先生的信中提及：「月雲小姐的表現愈來愈出色

---

[44]　〈陸上代表候補六日から鎌倉で合宿〉，《読売新聞》，1935年12月29日，04版。
[45]　張星賢，《慾望、理想、人生──談我五十餘年的運動生涯》，67。
[46]　〈陸上女子練習賽〉，《読売新聞》，1936年1月12日，04版。
[47]　〈代表選手プロフィル〉，《読売新聞》，1936年1月23日，04版。

了，我想她在您的支持下，去柏林是沒有問題的」[48]，可見據張星賢側面觀察，林月雲距離參加柏林奧運會似乎近在咫尺。

　　相信目標前進奧運會的艱辛訓練過程一定不只如此，至3月時，在日本關東地區的奧運會候選選手廣橋、三井、林月雲、峰島、石津五位選手，更是於每週的二、四在東京芝公園直接接受日本田徑代表隊沖田總教練的指導。此外，沖田總教練又於3月7日帶領柏林奧運會日本女子全體候選選手前往鎌倉，進行冬季訓練最後的衝刺集訓。[49]經上述種種對林月雲在入選日本候選選手後辛勤訓練的描述，足見她拼搏參加柏林奧運會的奮鬥歷程與意志決心。

▎圖40：1936年，廣橋、三井、林月雲（中）、峰島、石津於東京芝公園訓練。

[48] 國史館編，《楊基振日記　附書簡·詩文（下冊）》（臺北：國史館，2007），674-675；張星賢，《我的體育生活　張星賢日記及書信》，216。
[49] 〈女子陸上候補選手　けふ鎌倉へ〉，《読売新聞》，1936年3月7日，04版。沖田芳夫為1936年柏林奧運會日本田徑代表隊之總教練，有關其經歷可參考維基百科，〈沖田芳夫〉，<http://ja.wikipedia.org/wiki/>，2021年5月4日檢索。

## 病魔難防——1936年奧運會最終預選會

在結束辛苦的冬季訓練後，日本陸聯為了加強備戰柏林奧運會，共召集約70名的柏林奧運會日本候選選手，於4月3日起至4月19日，在日本青年館進行合宿，並於神宮競技場舉行為期兩週的第二期集訓，集訓期間更在5日、12日分別進行兩場預選會前哨戰——「陸上競技奧運候補選手記錄會」。[50]此外，除原先就預計於日本各地區舉辦之奧運會預選賽外，又舉辦了類似今日採用外卡資格制度之「特殊項目記錄會」的方式，藉此拔擢柏林奧運會日本候選選手以外的優秀新人。[51]相信面對如此密集的訓練與賽事，對選手而言，已不僅是重重關卡的挑戰與篩選，無疑也是一股重重的壓力，迫使選手必須一直保持高度的張力。

因此，若要順利擠進柏林奧運會日本選手名單中，除了要盡力調整和維持自己的最佳狀態外，最重要的是，必須在最後的「奧運會最終預選會」中脫穎而出，才有機會取得1936年奧運會的參賽資格。

面對這樣高壓的訓練環境，林月雲咬牙苦撐，其成績也逐步攀上運動生涯的高峰，100公尺於平時訓練，已達12秒3-4的水準，且在東京芝公園所舉辦的「第一次陸上競技奧運候補選手記錄會」

---

[50] 〈陸上候補合同練習〉，《読売新聞》，1936年3月31日，04版；〈陸上候補合宿開始〉，《読売新聞》，1936年4月5日，03版；〈陸上候補第二回試煉會〉，《読売新聞》，1936年4月7日，04版；〈陸上合宿十九日迄〉，《読売新聞》，1936年4月10日，04版。

[51] 〈全日本陸上關東豫選 第一日〉，《読売新聞》，1936年5月10日，04版。

中，分別以10秒6、7秒9的成績，獲得80公尺、50公尺跨欄的第一名；又於一週後的「第二次陸上競技奧運候補選手記錄會」中，分別以7秒8、12秒9的成績，獲得50公尺跨欄、80公尺跨欄的第一名。[52]從上述進行不同於正式田徑競賽項目的測驗方式不難推測，教練團的用意在於，想要深入瞭解各位培訓選手的爆發力、體力、技術、潛力，甚至是抗壓性等身心素質。相較於林月雲的高水準演出，做為此次奧運會主要競爭對手的三井美代子（林月雲的同校學妹）似乎就顯得相形失色，不僅在50公尺跨欄以0.4秒之差大敗外，在80公尺跨欄更是跑出賽季最差的14秒2，直至5月9-10日的「奧運會關東地方預選會」才稍微有點起色，勉強交出80公尺跨欄13秒3的成績。[53]

就在一切看似順遂，眾人大都看好，幾乎賭定可以前往柏林奧運會的前夕，厄運卻降臨了！由於林月雲練習過度，感染了急性肺炎，在難敵病魔的侵襲下，她先是缺席「奧運會關東地方預選會」。至5月23-24日「奧運會最終預選會」前也不見好轉，當然一心一意為光耀「讓全世界看見臺灣」的理想，而努力想站上1936年柏林奧運會舞台的林月雲，不可能就此放棄最後的機會，所以她已顧不得病情，依舊還是選擇奮力一搏，從醫院趕往會場，只為爭取通往奧運會的門票。

然而勝利女神卻始終未對她露出微笑，100公尺未進前四名，

[52] 〈女飛人林月雲廣植桃李〉，《民生報》，1980年3月5日，03版；朝日新聞社編，《運動年鑑昭和12年度》（東京：朝日新聞社，1937），129-130。
[53] 朝日新聞社編，《運動年鑑昭和12年度》，126-127。

80公尺跨欄僅維持12秒9的水準，最終竟然以0.1秒一胸之隔，敗給了跑出賽季最佳，且又如同親妹妹一般和一手親自調教的三井美代子，與1936年柏林奧運會失之交臂。

賽後在跑道終點，林月雲溫柔抱著三井美代子一同痛哭，並說到：「是我自己狀況不好的問題」！[54]

這一幕，在旁不禁流下眼淚的張星賢，在1936年5月27日致楊肇嘉先生的書信中做出了如下的描述：

> 教練實在是十分地愛護她，當我在比賽那天，看到教練和其他職員們，只對著她投以同情的眼光，我不禁流下眼淚。對我來說，要掉下淚水是難的，會讓我如此感動的是，以一個臺灣人能被大家這麼喜愛，證明了她的努力已經得到了回報，我相信這都是因為她的努力。她雖然很傷心，還是打起精神，我以哥哥的立場跟她說了很多話，她應該有聽進去，現在正來我這裡玩呢。她打算近期內要回臺灣，請先生也跟她打打氣。[55]

「奧運會最終預選會」閉幕後，日本陸聯技術委員立即於當日下午7點在丸之內飯店開會討論日本田徑代表隊選手的組成，並

---

[54] 〈女飛人林月雲廣植桃李〉，《民生報》，1980年3月5日，03版；朝日新聞社編，《運動年鑑昭和12年度》，121-122；勝場勝子、村山茂代，《二階堂を巣立った娘たち—戰前オリンピック選手編—》，159；村山茂代訪談紀錄，訪談者金湘斌，2011.6.1日本女子體育大學圖書館二樓館長室。

[55] 張星賢，《我的體育生活　張星賢日記及書信》，218。

圖41：1936年「奧運會最終預選會」80公尺跨欄（林月雲右二、三井美代子右一）。

以能確定得名、有機會得名、可能有機會得名等為主要考量。另外，又因「大日本體育協會」早已在同月7日通知日本陸聯，告知由於遠征柏林奧運會經費有限，僅能派出約230名隊職員參加前往柏林奧運會的人數總限制決議，故原訂規劃組成67名日本田徑代表隊職員的參加人數，不得不進行調整與刪減。[56]當然，此決議雖引發日本陸聯強烈的抗議，但迫於經費不足的無奈，最終還是僅能接受。因此，本次會議歷經長達6小時的反覆斟酌，且在大幅度刪減女子參加人數後，終在5月25日上午10點正式公布7名隊職員、6名教練、40名男選手、7名女選手的參賽名單。[57]

對於未能入選的結果，林月雲在寫給楊肇嘉的書信中難過表示：「我從未忘記我是臺灣女性的自覺。而老天竟然給了以此信念

[56] 〈日本代表軍編成の選手割當纏らず　陸上減員に強硬抗議〉，《読売新聞》，1936年5月8日，04版。
[57] 山本邦夫，《日本陸上競技史》，285-286。

努力過來的人，最慘重的懲罰……」[58]，真的沒意料到，最後竟是難敵病魔的侵襲，功虧一簣，與奧運會擦身而過。而對林月雲為參加奧運會不曾懈怠、咬牙自勵、努力練習整體過程，都看在眼裡的張星賢也難過地說到：

> 月雲小姐運氣不佳，因病未能被提名奧運代表選手，我一想到她為了能去奧運，含淚那麼地拼命，緊張的神情，自我嚴厲要求的樣子，就非常地難過。她傷心地哭了好幾天，但只能說是命運，又能如何？其實，由這次的練習紀錄和體能狀態來看，她絕對去得了奧運的，而且去了必然能獲得獎牌的。她這次的落選，有許多支持她的人表示憤慨。為什麼臺灣人的她，能這樣受到大家的喜愛呢？這也是最令我感動的地方。[59]

固然，林月雲最終無法如願入選柏林奧運會的主因是賽前感染肺炎，導致在「奧運會最終預選會」以第二名落選。但是，究其在從入選「柏林奧運會日本候選選手」後的整體表現，均無起伏差異過大，且80公尺跨欄成績大都維持在13秒內的水準，凌駕於三井美代子之上，另就兩人運動生涯最佳成績表現而言，均以12秒7並列平手。對於，最終僅以「奧運會最終預選會」表現論成敗的作法，

---

[58] 書信內文引自謝仕淵教授2020年10月11日於FaceBook發表的貼文。FaceBook，〈謝仕淵〉，<https://www.facebook.com/aian.hsieh>，2020年10月12日檢索。
[59] 張星賢，《我的體育生活　張星賢日記及書信》，218。

日本女子體專二階堂校長深表不滿，甚至揚言今後日本女子體專不再與日本陸聯協力合作，因為除林月雲外，同校的日本女子跳高紀錄保持者廣橋百合子，則是因為助跑場地積水，致使難以起跳，讓出長年稱霸的后座，無緣再次進軍奧運會，而她的母親因她入選候選選手後，長期處於緊張狀態，加上受此打擊，亦於同年8月患急性腦溢血辭世。[60]真沒想到，與林月雲同窗的廣橋百合子，且時常在一起表演相聲，逗得三井美代子在旁哈哈大笑的日本女子體專三人小團體，[61]後終僅有三井美代子一人順利入選1936年柏林奧運會日本國家代表隊，令人不禁感到惋惜。

再者，若與上一屆1932年洛杉磯奧運會日本田徑代表參賽名單進行相比對後，可發現1936年的名單上，在男性部分增加14名，相反地女性還減少2名；在參加項目上，更是刪減了女子400公尺接力，硬生生地剝奪女性的參賽權力。[62]在此附帶補充，1936年時，張星賢也曾提及，日本代表隊中的男選手對女選手不太友善，或是不知道出於什麼樣的理由，對女選手參與遠征奧運會乙事，甚是沒有好感、輕忽女性運動等類似的話語。[63]

總而言之，我們無意在林月雲無法參加柏林奧運會上做文章，

---

[60] 勝場勝子、村山茂代，《二階堂を巣立った娘たち─戰前オリンピック選手編─》，159。

[61] 〈代表選手プロフィル〉，《読売新聞》，1936年1月23日，04版。

[62] 山本邦夫，《日本陸上競技史》，276、286。另外，若從1932、1936年奧運會男女性選手參加的比例上來看，可發現女性選手參加之比例僅約男子選手的十分之一而已。請參考阿倫·古特曼（Allen Guttmann）著，《現代奧運史（*The Olympics: A History of the Modern Games*）》，263。

[63] 張星賢，《我的體育生活　張星賢日記及書信》，226。

但是我們也不得不為林月雲，或是當時可能有機會參與奧運會，最終卻因一些小插曲，或是針對女性人數與參加項目上的刪減，致使失去挑戰、登上奧運會這個堪稱國際運動競技最高殿堂的女性田徑選手感到惋惜！

然在運動競技的世界中，參與者皆會做好準備全力以赴，而每場賽事也都必定需要分出勝負，但最終能順利抵達終點、獲得冠軍者卻只有一人，所以不免留下許多遺憾與耐人尋味的事故。相信這一切，就如同《臺灣人士鑑》對林月雲無法參加奧運會，以短短兩個字——「不運」來形容一樣，[64]令人感到相當的「殘念」。不過，相信這樣的結果，是無法抹去林月雲曾經想要讓世界看見臺灣的理想，以及不斷努力爭取踏上那榮耀舞台的努力過程。

---

64 臺灣新民報社調查部，《臺灣人士鑑》（臺北：臺灣新民報社，1937），445。

# 三井美代子（1919-2007年）

　　三井美代子1919年生，日本靜岡縣沼津市人，先後入學靜岡縣立沼津高等女學校（簡稱沼津高女）與日本女子體專。父親三井純一為沼津東電的營業課長，學生時代曾加入慶應義塾大學棒球部，而後擔任沼津市體育協會之理事，熱心於當地的體育活動，同時是三井美代子在運動競技道路上重要的支持者。

　　三井美代子雖受其父親影響參與運動競技，卻沒有初出茅廬就展現傲人的運動天賦，沼津高女陸上競技指導教師塩飽吾一就曾評價道：「小學時並非是引人注目的選手，然自從升上女學校後，由於她關節的彈性非常好，起跳方法不可思議的輕盈，當時雖沒有驚人的成績，但是將來必有大成。」三井氏可謂是「大器晚成」型的選手，而她也不負所望地於1933年以其不足150公分的「可愛」身形，在跳高項目中成功躍過1公尺46，技壓曾參加第10屆1932年洛杉磯奧運會的相良八重與廣橋百合子，成為當年度十傑中的第1位。翌年，三井美代子更在年度十傑中囊括了80公尺跨欄第一傑（12秒7）、三級跳遠第二傑（11公尺08）與跳高第三傑（1公尺45）三項紀錄，澈底地展現優異的競技潛能，並在1935年入學日本女子體專。

　　就讀日本女子體專期間，三井美代子將心力專攻於80公尺跨欄項目，與前輩林月雲一同練習，目標直指奧運會。話雖如此，三井與林月雲卻無法聯袂進軍奧運會，在「奧運會最終預選會」中，三井以0.1秒之差險勝林月雲，成為1936年第11屆柏林奧運會的日本代表選手。可惜的是，三井在柏林奧運會止步於預賽第2組第4名，未能晉級。然而，身材「嬌小可愛」的三井混入一眾身材高大的外國選手中，一起同場競技的情景，著實令當時在場觀賽的日本觀眾印象深刻、感動不已。

1938年，三井自日本女子體專畢業後，任職於埼玉縣立秩父高等女學校至1939年，期間仍以1940年第12屆東京奧運會為目標而持續鍛鍊，但隨著三井因病缺席1938年的「全日本東西對抗陸上競技大會」，與受戰爭影響而致使奧運會停辦，三井美代子的運動競技生涯也到此戛然而止。戰後，三井與織田幹雄的友人井上利見結婚，育有2男1女，最終於2007年與世長辭。

## 參考文獻

勝場勝子、村山茂代，《二階堂を巣立った娘たち―戰前オリンピック選手編―》，東京：不昧堂，2013。

## 有關前往日本女子體育大學尋訪林月雲事蹟的小故事

　　2011年5月中旬，因準備前往位於東京的日本體育大學和日本女子體育大學蒐集日治時期臺灣女子體育運動史相關文獻史料，故特地請指導教授大久保英哲分別書寫兩封推薦信，並於信中稍加說明來意與欲尋找之資料。在獲得對方圖書館同意回信後，便動於5月底動身前往東京。

　　6月1日上午，手持著日本女子體育大學同意函，經過約莫將近90分鐘多次的電車轉乘與轉搭公車後，才終於抵達。一進校園，便被樹立在田徑場旁人見絹枝的雕像給吸引，心想這就是林月雲的母校啊（雖然原址已被遷移至此）！並想像著，她以前歷經艱苦訓練的身影。

　　接著，到達圖書館後，立即將推薦函轉交給門口櫃臺的館員，她看了看，便對我說：「我們的館長在二樓等你。」然後就起身引領我上二樓。這時候，我邊走邊想著，館長是誰，我應該不認識？為什麼要等我？心中浮現一連串的問號。到館長室後，館長對我說：「您好，我是村山茂代，我們等你等很久了！」奇怪，我有遲到嗎？我只是來找資料，信上並沒有述明時間，又是一陣疑惑！村山教授才緩緩道出：「我們一直在等，來找林月雲足跡的人；因為，我們一直期望能深入理解這位前輩的事蹟，而且峰島秀、廣橋百合子、三井美代子等人，時常提到這位從臺灣來留學的林月雲。」當下，我彷彿觸電一般，原來不僅止有我在關注她而已，日本也有人注意到此事。然後，村山教授拿出一些資料，開始說：「我們在整理三井美代子的資料時，也一併找到了些許有關記載林月雲的事蹟與照片，例如：她自行退出第四屆國際女子奧運會日本女子代表隊、她於1936年奧運會最終預選賽後與美代子一同痛哭等，金同學你能夠再多談一些有關林月雲在臺灣的相關事蹟嗎？這

些資料你不用擔心，我會請館員（60多歲）幫你複印一份。」當下，頓時有點覺得不太好意思，不過我也立即拿出〈臺灣女性運動員的先驅——林月雲〉乙文、人見絹枝來臺、1937年奧運會女子選手來臺合宿等文獻與村山教授分享。不久後，村山教授亦於2013年所出版的《二階堂を巢立った娘たち—戰前オリンピック選手編—》書中，增補上林月雲，以及日本女子體專田徑隊員曾經來臺訪問等事蹟。

## ❖東山再起、目標1940年東京奧運會

### 重披戰袍復出「第九屆明治神宮體育大會」

1936年5月，林月雲自「奧運會最終預選會」敗北後，其實際的動向並無法確切得知，但從1936年7月24日張星賢至楊肇嘉的書信，可得知：

■圖42：1937年，林月雲於「第十八屆全島大會兼第九回明治神宮臺灣預選會」奪得女子跳遠冠軍。

> 我知道月雲小姐不分早晚地練習，目的在一雪前恥，但是請先生留意她的狀況，不要讓她過於勉強。她若再次病倒，將讓臺灣女性運動員再度蒙受打擊。這點還請先生費心留意。[65]

因此，可以確認的一點是，林月雲並沒有因此放棄對田徑運動的熱情與挑戰奧運會的念想，相反地還可能加倍練習，只為一雪前恥。然而，對於這一切了然於心的張星賢，則憑藉著多年從事田徑

---

[65] 張星賢，《我的體育生活　張星賢日記及書信》，218。

運動的經驗，希望她能夠先緩緩，避免再次因過度練習，而生病或是受傷，畢竟林月雲已是臺灣女子運動員的代表人物。

或許是林月雲有聽進大家給予的建議，所以至1937年「第十八屆全島陸上競技大會兼明治神宮臺灣預選賽」前，幾乎看不到她參賽的身影。在這段調整身心的期間，林月雲返回臺灣彰化，專心在家研究家政事務，以及與家中掌廚師傅學習廚藝等。[66]

▌圖43：1937年，林月雲於「第十八屆全島大會兼第九回明治神宮臺灣預選會」奪得女子100公尺冠軍。

1936年7月31日，日本確定將承辦「1940年第十二屆東京奧運會」，[67]故不論是對日本內地，或是其所轄的殖民地體育運動發展而

---

[66] 臺灣新民報社調查部，《臺灣人士鑑》，445；陳永茂（林月雲女婿）訪談紀錄，訪談者金湘斌，2007.12.8臺中葉明琪家樓下大廳。
[67] 岸野雄三編，《近代体育スポーツ年表》（東京：大修館，1994），164。

言，無疑都是一重要的發展轉捩點。就臺灣體育協會來說：第一，在組織與運動部門部分，必須加以改組，才能與日本內地接軌，並符合奧運會相關規定事項；第二，在預算部分，臺灣體育協會抱持著「東京大會第一主義」的影響下，進行編列或增加預算；第三，各運動部門培育選手部分，開始著手進行培訓選手計畫。[68]所以，就臺灣體育協會陸上競技部而言，為因應此方針與時局潮流，於1937年初即針對了1940年東京奧運會擬定一連串的強化策略，還依照各項目選手的成績表現，選出第一次臺灣代表候選選手。[69]此次的名單中，並沒有看見林月雲的名字。或許是因為，林月雲自畢業回臺後，未曾出賽之故，自然無法被提名、遴選為候選選手。

不過，可以確認的一點是，林月雲將會於1937年9月25日至26日，代表臺中支部參加「第十八屆全島大會兼第九回明治神宮臺灣預選會」。當然，這也有可能是林月雲自1936年病後復出，參加的第一場正式競賽。對於此次林月雲的參賽，《臺灣日日新報》這樣提到：「能在本次大會中見到臺灣出生的林月雲自學成歸臺後的勇姿，乃是一大樂事。」[70]而且，林月雲還不單單僅只於出賽露露臉而已，她似乎也已事先為此做了萬全的準備與苦練，準備再次重返

---

[68] 〈體協本年度豫算は東京大會第一主義〉，《臺灣日日新報》，1938年3月27日，08版；〈十三部に增加して競技部門別に獨立　臺灣體協規程改正の重點〉，《臺灣日日新報》，1938年3月27日，08版。

[69] 〈"才"東京大會に對する　第一次臺灣代表候補決す〉，《臺灣日日新報》，1937年3月16日，03版。

[70] 〈記錄更新四種目　躍進の實を舉ぐ〉，《臺灣日日新報》，1937年9月26日，08版。

日本明治神宮體育大會，並向世人宣告第三度挑戰進軍奧運會的
決心。

　　誠如上述，林月雲經過約一年的身體調養與訓練調整後，旋即
在「第十八屆全島大會兼第九回明治神宮臺灣預選會」的100公尺
預賽中，以12秒5的佳績刷新由自己所保持的臺灣紀錄，並在決賽
輕鬆順利榮登后冠，此紀錄亦是戰後臺灣之全國紀錄；另在跳遠項
目中，則以是5公尺09的成績，拿下金牌。相信其耀眼的成績，可
謂是再度展現出寶刀未老的堅強實力，同時也獲得臺灣體育協會陸
上競技部的青睞，順利獲選為「第九屆明治神宮體育大會」臺灣代
表選手。[71]

　　在前往「第九屆明治神宮體育大會」前，臺灣田徑代表選手團
總教練鈴木實於《臺灣日日新報》談及此次即將赴會之各位選手的
概況，並且依據成績實力進行評估，推測林月雲優勝的機率，實際
的談話內容如下：

　　　昨夏柏林奧運會最終預選賽狀況不佳，遂可惜錯失良機，但
　　月雲小姐仍是臺灣出生之女子競技界的第一人。於臺灣預
　　選會100公尺項目中所締造之12秒5的成績，是截至本年度九
　　月，目前排名全日本第一位之紀錄。想當然，若狀況佳的
　　話，即有可能獲得優勝。我想跳遠部分，應該也可爭奪一、

71　〈記錄更新四種目　躍進の實を舉ぐ〉，《臺灣日日新報》，1937年9月26日，
　　08版；〈臺灣陸上代表　十名を決定〉，《臺灣日日新報》，1937年9月29日，
　　08版。

二名。[72]

雖說，鈴木總監督在賽前對林月雲抱有極大的期待，但在實際到11月1日至3日「第九回明治神宮體育大會」比賽期間，林月雲在100公尺項目中，似乎沒有發揮出應有的水準，僅獲得第四名；在跳遠項目中，則誠如鈴木所預測一樣，雖以5公尺39的佳績刷新臺灣紀錄，但最終僅以1公分之差敗給吉野トヨ子獲得第二名。[73]

■圖44：1937年「第九屆明治神宮體育大會」參加章。

### 入選1940年東京奧運會日本第一候選選手

林月雲在明治神宮體育大會100公尺的表現，雖不如預期，但是這似乎並沒有影響日本陸聯技術委員會的決定，委員們仍以她

---

[72] 〈高野（十種）林孃（百米）に優勝の可能性あり〉，《臺灣日日新報》，1937年10月08日，08版。

[73] 〈カサウブラウ力走　記錄三時間を切る　臺灣、四種目に入賞〉，《臺灣日日新報》，1937年11月3日，08版；山本邦夫，《日本陸上競技史》，652。

▋圖45：林月雲於1938年7月27日至8月2日於臺北第一高女
參加集訓練習。

在臺灣100公尺所創之12秒5為參考依據，正式推薦林月雲成為1940
年「東京奧運會日本第一候選選手」。[74]基本上，培訓的過程如同
1936年柏林奧運會，一樣需要歷經層層的集訓與參與各項賽事。唯
一不同之處，在於林月雲已經返回臺灣，且此次的培訓又提早三年
籌劃，故前期的強化鍛鍊，先交由臺灣體育協會陸上競技部主導。
此外，臺灣體育協會陸上競技部又特於1938年的夏季，選出臺灣代
表赴日本內地進行遠征，預計先參加於8月14日赴名古屋參加「第
三屆三區域（關東、東海、近畿）女子對抗陸上競技會」，接著再
趕往伊勢山田參加1940年東京奧運會代表候選選手之集訓，用以做

---

[74] 〈林氏月雲、黃氏瑞雀兩孃が女子陸上代表候補に推さる〉，《臺灣日日新報》，
1937年11月3日，08版。

為培訓東京奧運會強化選手的策略之一。[75]

圖46：林月雲（後排右二）前往名古屋參賽前，於1938年8月2日參拜臺灣神社後於臺灣日日新報社合影。

　　無奈的是，隨著中日戰爭已進入長期抗戰的階段，加上日本基於戰爭對軍用品需求的提高，以及中國、英國、澳洲、芬蘭等向國際奧委會抗議下，日本奧運會組織委員會遂正式於1938年7月15日提出放棄1940年「第十二屆東京奧運會」的主辦權，改由芬蘭赫爾辛基接手承辦。但之後也隨著1939年9月歐戰戰場與第二次世界戰爭的全面爆發後，1940年的奧運會最終也宣告停辦。[76]

　　若以現今旁觀的角度觀之，這樣的結局，似乎對於認真從事田徑訓練多年的林月雲而言，不免有點感到無奈與惋惜。當然，我們也無法實際得知當時林月雲的真正心情為何，但是據1938年7月15日後續《臺灣日日新報》的報導可得知，林月雲似乎仍堅強地處於備戰的狀態，並於7月27日至8月2日北上至臺北第一高女參加集訓

---

[75] 〈內地に遠征する　臺灣代表（陸上競技）が決定　甲子園と名古屋で競技〉，《臺灣日日新報》，1938年6月10日，08版。

[76] 岸野雄三編，《近代体育スポーツ年表》，168。阿倫・古特曼（Allen Guttmann）著，《現代奧運史（The Olympics: A History of the Modern Games）》，107-109。另外，有關1940年東京奧運會的承辦、停辦等詳細情況，請參考橋本一夫，《幻の東京オリンピック》（東京：日本放送出版協會，1994）。

練習，準備前往日本內地參加8
月14日起在名古屋所舉行的「第
三回三區域（關東、東海、近
畿）女子對抗陸上競技會」。[77]

▋圖47：林月雲於「第三屆三區域女
子對抗陸上競技會」獲跳遠冠軍。

　　不過，在此次參與比賽的過
程，林月雲卻在拿手的100公尺
競賽中，黯然地退出了決賽圈，
僅在當時不屬於奧運會田徑女子
項目的跳遠中，獲得第一名。雖
然，林月雲的表現仍然受「日本
陸上競技聯盟女子委會」的關
注，受邀代表日本西部參加「第一屆女子三部對抗陸上競技會」，
並於該賽事中又拿下跳遠第一。[78]但是，林月雲似乎早已預知此生
已無法參加奧運會的結局。故至此過後，就逐步走向高掛釘鞋之
路，漸漸遠離競技選手的身份，僅在隨後的「臺南陸上競技大會」
中參與教員組之比賽，[79]以及於因緣際會中在臺北帝大運動場再度

---

[77] 〈女子陸上代表　合宿して猛練習〉，《臺灣日日新報》，1938年7月30日，
08版。

[78] 林月雲在此次跳遠中，以5公尺18獲得冠軍。請參考〈強豪に伍して善戰　女
子臺灣は第五位　林氏月雲孃走幅で優勝〉，《臺灣日日新報》，1938年8月16
日，08版。另外，有關林月雲代表日本西部，參加「第一屆女子三部對抗陸上
競技會」之評選方式請參考〈全日本の精銳選る　各地方代表が決定　臺灣か
ら林氏月雲、黃氏瑞雀兩孃〉，《臺灣日日新報》，1938年8月16日，08版。

[79] 〈內地に遠征する　臺灣代表（陸上競技）が決定　甲子園と名古屋で競
技〉，《臺灣日日新報》，1938年6月10日，08版；〈三つの大會新記錄　臺南
陸上競技大會〉，《臺灣日日新報》，1938年11月5日，08版。

與新秀吉野トヨ子上演一公分之差的跳遠爭霸戰中，[80]與她所熟悉的田徑跑道告別，並劃下她追求挑戰奧運會歷程的休止符，僅留下曾經代表臺灣女性試圖勇闖奧運會之路的歷史紀錄。

自林月雲告別她所熟悉的賽道後，先後曾至斗六公學校、私立長榮中學、彰化高女、臺中高女等校服務；1945年，與時任廈門電臺臺長葉肇卿結婚，搬至廈門古浪嶼；1949年，因回臺灣待產，幸運避開戰火波及；1956年8月1日，林月雲決定重返教壇，經時任臺灣省立彰化工業職業學校（現國立彰化師範大學附屬高級工業職業學校）校長吳鑑湖先生的介紹下，至臺灣省立彰化商業職業學校（現國立彰化高級商業職業學校，以下簡稱彰化高商）任教長達20餘年。[81]

在彰化高商任教的期間，林月雲因家庭因素，肩負起獨自扶養子女的重任；在學校則是以「**有信心、有毅力**」[82]為教學理念，負責盡職，甚至還因過度疲勞引起兩次胃出血，但仍樂此不疲；在田徑場上，則是秉持專業精神，擔任臺灣省運動會裁判逾十餘年。[83]

1979年6月16日，中華民國田徑協會藉舉辦「第四次田徑大獎賽」中，特地頒贈田徑紀念獎給予林月雲，以表彰她過去曾參與

---

[80] 〈全日本の精銳動員　快記錄も續出せん〉，《臺灣日日新報》，1939年1月8日，12版。

[81] 〈女飛人林月雲廣植桃李〉，《民生報》，1980年3月5日，03版；陳永茂（林月雲女婿）訪談紀錄，訪談者金湘斌，2007.12.8臺中葉明琪家樓下大廳；彰化高商，〈人事登記卡〉（彰化：未出版，不詳）。

[82] 彰化高商，《畢業紀念冊》（彰化：未出版，1973）。

[83] 〈女飛人林月雲廣植桃李〉，《民生報》，1980年3月5日，03版。

1936年柏林奧運會選拔與多次打破臺灣紀錄的輝煌成就，這個獎項是繼高何土、張星賢、陳英郎後，第四位獲獎的運動員，也是女性的第一位，連紀政都曾甚表推崇她為田徑的貢獻。[84]

最後，相信就臺灣女性挑戰參與奧運會的歷史過程而言，林月雲是位相當具代表性的指標人物，雖三度無緣進軍奧運會，但身為臺灣人的她，在日本太陽旗飄揚的時代，其在運動場上含著淚水努力拼搏與自我嚴屬要求的跑跳身影，無疑已為日後臺灣女性運動員樹立起追求奧運會之典範。

▌圖48：林月雲於1985年10月26日，擔任臺灣區運動會會旗旗手。

[84] 〈第四次田徑大獎賽今角逐　重頭戲男子十項大有可觀〉，《民生報》，1979年6月16日，03版。

# 結語

　　回顧林月雲的田徑運動生涯，她自13歲起即開始馳騁於田徑場的跑道上，展現出與生俱來的過人天賦，且在彰化高女訓練環境的孕育下，逐漸成長茁壯。1931年，林月雲擊敗眾多在臺日本人好手，成為首位代表臺灣參加日本明治神宮體育大會的「正港」臺灣本土女子運動員，一舉奪得全日本女子三級跳遠第二名，一時轟動全臺，亦引來日本體壇的注目，更間接開啟日後三度追逐挑戰奧運夢想的征途。

　　1932年，林月雲與蕭織破天荒地膺選成為代表臺灣女子角逐參加「第十屆奧林匹克運動會全日本預選會」的開路先鋒。然因途中遭逢暴風雨的襲擊，致使暈船嚴重狀況不佳，無緣入選日本奧運會代表隊，但已為臺灣女子運動員開創挑戰奧運會之路徑。

　　1936年，林月雲在歷經日本女子體專三年求學期間的磨練，不論在身體素質、動作技術、心理層面等各方面，均有所大幅度增長，且在入選「柏林奧運會日本候選選手」後，本著「臺灣女性的自覺」與為實踐光耀「讓全世界看見臺灣」的理想，她含著淚水、汗水拼命地練習，不曾懈怠。然就在看似順遂，幾乎賭定可以前往奧運會的前夕，卻因過度訓練感染肺炎！在強忍病魔的侵襲，她依舊奮力一搏，只為爭取通往奧運會的入場券，但最終以0.1秒敗

陣，功虧一簣，與奧運會擦身而過。

　　1937年，林月雲為再次實踐參加奧運會的夢想，在調整身心狀況後，重披戰袍復出，以100公尺12秒5、跳遠5公尺39雙雙刷新臺灣紀錄的佳績，入選「東京奧運會日本第一候選選手」。無奈的是，隨著中日戰事的擴大與第二次世界大戰的全面爆發，1940年的奧運會最終宣告停辦，林月雲終究還是未能一償夙願，空留無法參加奧運會的遺憾。

　　從林月雲鍥而不捨三度追逐奧運會夢想的征途中，我們窺見了臺灣女子運動員對於目標參加奧運會的堅持和執著，雖說她已含淚拼命不懈怠的進行自我嚴厲要求，然不知為何在她挑戰的道路上，卻滿布艱辛與坎坷，甚至在關鍵時刻始終未獲上天眷顧，在選拔賽前遭遇「暴風雨」、「病魔」、「戰爭」的無情襲擊，給予慘重的懲罰。但難能可貴的是，她總是能一次一次地將苦水吞下，默默承受與背負眾人期待的壓力，且在重新調整後，出發再拼！只為實踐她追求踏上奧運競技場光耀臺灣的理想。在她盡情用汗水、淚水及運動生命所交織出「三挑戰」的故事中，結局或許帶有一點「不運」與「殘念」，終究無緣參加奧運會，而她所創之三級跳遠紀錄也終未獲得日本陸聯承認。但最重要的是，她在日本時代所樹立的耀眼運動成就和追求卓越精神，已為臺灣女子運動員挑戰奧運會史譜出輝煌的序曲，甚至是開啟航向奧運會舞台的新路徑。

　　另在此特別感謝，在耙梳、撰寫林月雲鍥而不捨三度追逐奧運會夢想的過程，很幸運地能於2020年10月從謝仕淵教授在FB的專文分享，得知林月雲曾在1935年前後致楊肇嘉的書信中提及諸如：

「跟大家宣告前進奧運的決心」、「為了光耀『讓全世界看見我臺灣』的理想」、「努力踏上那榮耀的舞台」、「臺灣女性的自覺」等字句，雖目前無緣親眼目睹書信中的內容，但那種感動、激動及興奮的程度，仍是溢於言表。因為，這又能夠讓我們多認識、瞭解、貼近林月雲在挑戰參加奧運會時所處的心境、想法，甚至是懷抱的理想。

文末，相信就本書撰寫「日本時代臺灣運動員的奧運夢」之現階段任務而言，已完成林月雲「三挑戰」的故事內容，但是對於為何從陳啟川，至高兩貴、高何土、張星賢、黃丙丁、林月雲等臺灣運動員們會有藉「運動做為抵抗」、「捍衛民族自尊」、「與殖民統治者較勁」或是「光耀臺灣」等的念想，則是未有深入、連貫的討論。因此，期待本書的刊行，能如同投石入水一般，引起一連串的漣漪，號召更多對研究臺灣體育運動史有熱誠的同好投入後續研究與持續對話，進而開闢、甚至是深掘出一直存於臺灣運動員們心中，渴望藉運動「光耀臺灣這片土地」的精神。

附篇：
# 纏足到競技

大正十四（1925）年，於臺北圓山運動場所舉辦的第六回全島陸上競技大會是臺灣女子競技的源頭。此事距今已十數年，但讀者中想必不乏當年穿上釘鞋的選手們或為選手們加油的觀眾。賽事在當年設於草坪的四百公尺田徑場上盛大舉行，現已整建為圓山棒球場的觀眾席。雖說臺北第一高女的女選手們最為活躍，但也有遠從彰化高女前來參賽的本島女性選手們創造佳績。其中，甘氏翠釵小姐在五十公尺（紀錄七秒二）、黃氏藝小姐在跳高（紀錄一公尺三〇）獲得優勝，展示了自纏足開放以來本島女性的氣勢外，更為本島女子運動界創造了新的紀元。而本島女子們的活躍，想必更是嚇壞了纏足世代的阿婆們。

石塚長臣

臺灣體育協會陸上競技部幹事

日本陸上競技聯盟代議員[1]

---

[1]　石塚長臣，〈女子スポーツとしての陸上競技〉，《臺灣婦人界》，4.8（臺北，1937.08）：6。

1937年8月，石塚長臣撰述發表《女子スポーツとしての陸上競技》乙文，文中除簡略談到日本與臺灣女子運動競技的起源外，更重要的莫過於同時也提到1925年臺灣女性能參與運動競技，可謂是擺脫長久以來纏足對身體的束縛，並且將此視為展現身體運動競技能力的劃時代創舉。

　　恰巧的是，1925年臺北師範學校附屬公學校研究部在針對「本島女子體育的現在狀況」中，亦指出：「女子自過去纏足之陋弊中解放，成為解纏足之狀態，之後更轉變為天然足。在學校中，亦可見到學校體育依次順利的施行，幾乎是恍如隔世。」[1]相信這樣對臺灣女子體育運動發展的敘述，對於今日早已視女子能在運動場上奔跑、跳躍、投擲、技擊、打球等稀鬆平常、不足為奇之事的我們而言，似乎有點感到無法想像。原來，在百餘年前的臺灣，女性不僅在思想上深受傳統社會禮教的約束，在身體上也受到纏足慣習的影響，致使身體不自由，別遑論參加運動競技了，甚至連上體育課可能都會遭遇到困難。當然，這也間接點出臺灣女子體育運動在開展初期歷經「纏足到競技」的獨特發展過程。[2]

---

[1]　臺北師範學校附屬公學校研究部，《國語讀方科體操科 教授に關する研究》（臺北：臺灣子供世界社，1925），609-610。

[2]　作者在此必須強調一點，從纏足與運動競技的關係上來看，其實並無法直接證明臺灣女性從纏足解放到可以從事運動競技的過程，有必然絕對的關連性，因為在女性遭遇纏足解放後，也未必一定要參加運動競技。但是，反過來看，若臺灣女性要從事運動競技之前，應會先遭遇到當時臺灣社會纏足風氣之習慣。亦即，此社會風俗習慣與身體障礙若未去除，絕大大多數的臺灣女性勢必也很難真正地參與運動競技。此外，就日治時期殖民教育者的回憶觀之，大多人皆將女子能從事體育運動視為臺灣婦女自由解放的文明象徵，以及殖民教育的成功，並不計較有多少女子真正的去參與體育運動，而是將此過程當作是一個明顯的對照差異來看待。

# 不自由的身體：

## 受纏足、解纏足影響的臺灣女子體育

### ❖ 日本殖民者眼中的纏足

> 阿母相憐一束纏，為教貼地作金蓮。
>
> 弓痕窄窄新花樣，知是初三月上弦。[1]

　　所謂纏足，誠如上述詩中說明一樣，將女性的腳，用布纏裹起來，使其變得又小又尖，其形狀如同上弦月一樣，比天然足明顯短小，有的小至2吋，有的大至5吋多，因此有著「三吋金蓮」的封號。[2]關於中國纏足歷史的起源，可謂是眾說紛紜。大體上而言，纏足從宋代開始受到推崇，歷經元、明、清，最終止於民國，前後約經歷七百餘年。纏足最初起源於宮廷文化之中，是男性社會對女性舞姿審美觀的宰制，之後逐漸在供少數男性消遣欣賞的歌舞妓中流傳開，[3]並隨著男性社會的心理變遷，從一種美的時尚慢慢發展

---

[1]　差不多翁，〈纏足〉，《臺灣土語叢誌》，4（臺北，1900.05）：12；片岡巖，《臺灣風俗誌》（臺北：臺灣日日新報社，1921），114。

[2]　有關纏足的解釋與「三寸金蓮」的封號，請參閱高新傳，《淒豔的歲月：中國古代婦女的非正常生活》（鄭州：河南人民出版社，2006），224。

[3]　有關於纏足的歷史，請參閱高洪興，《纏足史》（臺北：華成圖書，2004），12-66；高新傳，《淒豔的歲月：中國古代婦女的非正常生活》，224-232；

成為一種對女性的規範行為，且被賦予了中國傳統禮教的意義，在清代社會達到鼎盛風行。[4]

鴉片戰爭過後，隨著越來越多的西方人士來到中國，開始便對於中國纏足慣習感到好奇與無法諒解，認為是不文明的象徵，並視纏足為野蠻殘酷之行為。因此，才有所謂依據醫學、生理學上的因素，以及透過基督教傳教士、教會學校等的呼籲下，發起「放足」，或是「天然足」運動。[5]另一方面，我們亦不能忽略，來自中國內部自身知識分子對纏足的反省與看法上的改變。由於當時中國在歷經鴉片戰爭與中日甲午戰爭的失敗過後，開始面臨到國家存亡危機，故為圖求維新與國家富強之道，便將婦女纏足問題置於強國強種的焦點之上。並且，還有人以「社會達爾文主義」的理論，提出婦女不僅需要解纏足，還需學習體操教育，方能強健母體，培

---

Dorothy Ko, *Cinderella's sisters: A Revisionist History of Footbinding* (California: University of California Press, 2005), 109-144.

[4] 本文在此必須說明，雖然清代婦女纏足風氣盛行，但卻非所有婦女都纏足，纏足的風氣可能因地區、宗教、種族、社會階層而有所不同，其比例與人數難以估計。此外，清代反纏足人士通常並不計較真正有多少婦女纏足，而是將纏足當作中國婦女共通的現象與問題來看待。有關此部分請參考，林維紅，〈清季的婦女不纏足運動〉，《臺大歷史學報》，16（臺北，1991.08）：140-142；Edward A. Ross, *The Changing Chinese: the conflict of Oriental and Western cultures in China* (New York: The Century Co., 1920), 175-178.

[5] 有關於中國解放纏足的論述和過程，請參考高洪興，《纏足史》，196-220；高新傳，《淒豔的歲月：中國古代婦女的非正常生活》，51-63；Dorothy Ko, *Cinderella's sisters: A Revisionist History of Footbinding*, 9-37. 另外，有關西方人士對於纏足現象的觀察與女學校的開辦，請參考Edward A. Ross, *The Changing Chinese: the conflict of Oriental and Western cultures in China*, 174-180.

## 關於纏足對身體活動的影響

　　據Edward A. Ross的觀察指出，纏足會阻礙小腿肌肉發展，並萎縮成如同樹枝一樣纖細，使得足部功能喪失，無法跳躍，有時還需依賴柺杖或別人攙扶才能行走，剛纏足時由於極為疼痛，故有些婦女亦會藉抽鴉片減輕痛楚。另有關纏足者因「足的變形」，而產生對身體所造成影響的部分，就醫學上的剖析而言，因會對脛骨、腓骨、距骨、跟骨、舟狀骨、楔狀骨、骰骨、蹠骨、趾骨等造成傷害，故為因應行走而導致足的重心改變。

　　此外，因纏足的關係，有些婦女大多坐臥於床、生活慵懶，不太喜愛從事身體活動。但事實上，並非全有的纏足婦女皆如此，或是不需要勞動身體，這還需視所嫁對象之經濟條件。所以，在中國某些地方婦女還是得負擔起家計，進行耕種、拉縴提水、幹活工作，或是像北方的勞動婦女一樣，因無法站立工作，故僅能跪在土地上進行農活。總而言之，不論纏足是具有身份的表徵，或是帶有品行的標誌，依舊還是脫離不了身體外在行動上的不自由。

### 參考文獻

Edward A. Ross, The Changing Chinese: the conflict of Oriental and Western cultures in China, New York: The Century Co., 1920.

Archibald Little, In the Land of the Blue Gown[China], London: T. Fisher Unwin, 1902.

柯基生，《金蓮小腳：千年纏足與中國性文化》，臺北：獨立作家，2013。

養健康之國民。[6]然而，為何會有此解纏足想法，主要還是因中國部分人士已開始瞭解到纏足有害於婦女健康、有害於種族、有害於生計、有害於國力等，[7]所以才不再認為纏足為婦女之間的小事，進而將其視為中國邁向富國強兵的改革要點之一。

1895年清政府因中日甲午戰爭戰敗的關係，簽訂了「馬關條約」，將臺灣、澎湖列島割讓予日本。在日治初期，日本人就開始特別注意臺灣人特有的吸食鴉片、辮髮、纏足等舊慣，並陸陸續續展開相關調查。舉例來說，臺北醫院醫師角田秀雄發現：「纏足會造成婦人骨盤及人體扭曲變形」[8]；金關丈夫進一步透過鑑定人骨指出：「纏足婦人在脛骨、腓骨、蹠骨等骨骼上，有異常縮小、薄弱、變形的情況，若解纏足的時間點越早，其骨骼變化與天然足者幾乎相近，反之則差距越遠。」[9]另當時對於纏足弊害的控訴有：1.在有礙身體健康衛生方面，認為纏足女子無法自由運動、有礙衛生、妨害肌肉的發育、血液循環不良、消化不容易、有礙全身的新

---

[6] 林維紅，〈清季的婦女不纏足運動〉，145-154。

[7] 有關當時中國對纏足之害的論述，請參考洪宜嫃，〈《萬國公報》對清末戒纏足運動的提倡〉，《政大史粹》，8（臺北，2005.06）：7-14。

[8] 就近代運動醫學的角度而言，有關纏足可能引發的病變，其問題在於足部變形後，而導致長期的步行姿勢動作不良，故會使得足關節、膝關節、股關節、骨盤、體幹等部分位移或變形。再者，又由於纏足者，可能必須透過低重心來維持站立，或行走時的身體平衡，故在長年積累下將使得骨盤後傾，以及影響脊椎變形等。關於此觀點，請參閱Kirsten Götz-Neumann著，《観察による步行分析（Gehen verstehen Ganganalyse in der Physiotherapie）》（月城慶一、山本澄子、江原義弘、盆子原秀三譯）（東京：医書院，2006），111-158。

[9] 金關丈夫，〈臺灣に於ける人骨鑑定上の特殊事例〉，《臺灣警察時報》，291（臺北，1940.02）：12-13。

陳代謝、促使身體容易疲累等；[10]2.在可能帶來危機方面，認為如遇戰亂、火災、水災、地震等則逃生不易；[11]3.在影響國家經濟方面，認為纏足將會使得女子喪失勞動力，此非富國富家之計。[12]

相信這些調查與論述，無疑是日本殖民者與臺灣社會大眾站在近代文明觀點上，撻伐臺灣纏足習慣對婦女身體進行不當改造的後果，當然亦間接表述此風俗習慣的弊害無窮與維護女性身體健康的重要性。再者，為加深臺灣社會大眾視纏足為陋習之印象，新聞媒體亦會透過類似水災、[13]地震等時事之報導，向社會大眾傳達死傷大多為纏足者，之後開始也有以體育、衛生等觀點，勸誘盡快革除纏足的論點出現。[14]

那麼就臺灣的纏足問題與實際狀況又是如何呢？根據史料顯示，臺灣女性纏足習慣主要是承襲於中國大陸福建省的泉州、漳州兩地之移民，其風氣可謂是十分盛行，視此為美的象徵，且約佔

---

[10]　〈臺灣婦人の纏足〉，《臺灣協會會報》，19（臺北，1900.04）：50-53。

[11]　黃應麟，〈勸改纏足〉，《臺灣時報》，1911年6月，24號。

[12]　邱振成，〈論婦人纏足與國家經濟之攸關〉，《臺灣農事報》，36（臺北：1909.11）：77-79。

[13]　1898年，臺灣臺北地區因遭逢水災，纏足者因行動不便、不利於逃生，故呼籲婦女當知纏足的弊害，詳細報導請參考〈流離道路〉，《臺灣日日新報》，1898年8月11日，05版。

[14]　1906年，臺灣嘉義發生地震，其死傷者因女子佔大多數，故當局便推斷此為纏足所致，並以相當的篇幅報導纏足弊害與地震，以及藉機勸誘解纏足。其與體育、衛生相關之原文為：「世界文明國，莫不講究體育學、衛生學，誠以身為人類之原、萬事之母、身體壯健，而後精神活潑，而後乃能有為。若拘婦女如監囚，待婦女如玩物，是與體育之理、衛生之道，大相背馳矣。」請參考〈震災及本島婦人〉，《漢文臺灣日日新報》，1906年4月12日，02版。

臺灣婦人的八成左右。[15]此風氣不僅止於中、上階層而已，就連下階層不從事勞動者也大多進行纏足。[16]或許這樣的描述有點誇張，但基本上可以確定臺灣女子只要稍具身份者大多纏足，其中又以臺北、臺南等地婦女居多，而貧窮者則任其自然，少有縮小緊束之現象。[17]另有觀察者指出，纏足不自然的處置結果，導致中流以上女子深居簡出、蟄伏閨中，此為步行不自由障礙之原因。[18]對於纏足所必須忍受的苦痛與行動不便，國語學校校長町田則文則道出：「纏足的結果，使得腳指頭結膿，帶來日夜極大的痛苦。因此，厭惡外出，不喜愛運動，將來如何成為傑出參與活動之婦人。」[19]也就是說，纏足不僅會使得臺灣女子厭惡步行、不喜歡運動，以及危害健康外，甚至還可能會無法達到殖民教育者設定之近代日本國家國民「良妻賢母」[20]標準。

---

[15] 當時臺灣移民的省籍主要以福建省的泉州與漳州為多，廣東省次之（僅佔不到10%），其他則有浙江省、江蘇省、安徽省、湖南省等，其中來自福建省的移民大多有纏足的風俗，而廣東省與其他各省之移民則大多無此習慣，臺灣的原住民也亦無此風俗（亦有少數平地原住民與福建人雜居後，受此風俗影響後而纏足）。請參考〈臺灣婦人の纏足〉，51。

[16] 武內貞義，《臺灣》（臺北：新高堂書店，1927），1077-1078。

[17] 近代アジア教育史研究会編，《近代日本のアジア教育認識　資料編第42卷》（東京：龍溪書舍，2004），373。

[18] 遠滕所六，《臺中市史》（臺中：臺灣新聞社，1934），625；赤星義雄，《臺灣の奇習》（臺北：財界之日本臺灣總支社，1935），19。

[19] 町田則文，〈臺灣に於ける女子教育の過去三十年を顧みて〉，《創立滿三十年記念誌》，小野正雄編（臺北：第三高等女學校同會學友窓會，1928），300。

[20] 就日本「良妻賢母」意識形態的本質而言，此語彙時常會被刻板印象冠上保守的、傳統的等概念。然而，事實上此語彙所指的是，養育生產符合近代國家之國民，且具有教育水準之女性，而非傳統中國之「賢妻良母」之概念。因此，若從此觀點來看，「良妻賢母」與「新女性」、「摩登女性」等，都是具有符

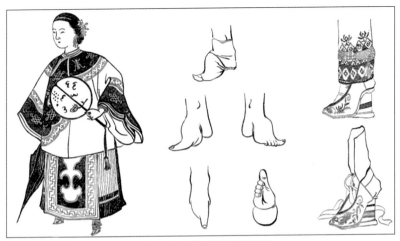
圖49：臺灣纏足婦女及臺灣纏足婦女之變形足部與繡花鞋。

　　日治初期由於臺灣總督府秉持著漸進主義統治原則，僅對社會既存舊慣之纏足、辮髮、吸鴉片等採用漸禁政策，希望從中上階層發起放足運動。但雖有大稻埕醫生黃玉階率先發起組織「臺北天足會」，[21]然據1905年的「臨時臺灣戶口調查結果表」顯示，當時纏足的婦女共計有約800,616人，佔全臺女性人口約56.94%，放足的女性僅佔纏足人口的1.1%，可見纏足之社會風氣問題，並非一朝一夕

<hr>

合日本近代所要求的女性圖像之一。請參閱牟田和惠，〈新しい女・モガ・良妻賢母─近代日本の女性像のコンフィギュレーション〉，《モダンガールと植民地的近代》，伊藤るり、坂元ひろ子等編（東京：岩波書店，2010），163。此外，就良妻賢母在東亞近代性的發展與異同，亦可參閱陳姃湲，《東アジアの良妻賢母論─創られた伝統》（東京：勁草書房，2006），19-53。
21　臺灣總督府史料編纂會編，〈大稻埕ノ醫生黃玉階天然足會ヲ設立ス〉，《臺灣史料稿本明治三十三年二月是月》（臺北：臺灣總督府史料編纂會，1900）。

## 關於臺灣的纏足

　　女性最早大約於4、5歲時，最遲則是至13歲左右開始纏足，纏足步驟主要可分為有二。第一步，即是以腳的大拇指為基準，將其他腳指向內摺，呈現反馬蹄形狀後，以繃帶強行進行綑綁，並穿上類似弓狀之小鞋。第二步，則是趁每日交換纏腳布時灑上明礬粉末，其纏綁程度一次比一次加強，最後使足部骨骼慢慢變形，呈現畸形形狀。

　　據時人觀察指出：「臺灣婦女多為纏足，雖說此制度並非容易改良，但其實就算纏足也善於步行。上山、上坡也亦可，僅需靠雙手搖晃以取得身體之平衡。就步行而言，並無所想之那麼困難。」此外，臺灣纏足女子並非完全無法進行勞動，其大多僅是不能承受較粗重的耕種工作，故大多在家從事炊飯、洗衣、裁縫、刺繡、養家禽等，亦有部分的婦女至製茶場從事揀茶工作。不過，由於纏足的結果，僅能以曲腳跪膝之身體姿勢進行洗衣，甚為辛苦。

　　另外，就身體活動程度差異而言，可能還需端視自幾歲開始纏足、纏足的方法、纏足的大小、對纏足的適應與否等因素。因此，每位纏足者可從事身體活動的情況，也非盡然相同。但是可以確定的一點是，大多的文獻均是指出纏足不良於行，所以纏足者的身體活動能力應較不如於天然足者。

### 參考文獻

〈臺灣婦人の纏足〉，《臺灣協會會報》，19（臺北，1900.04）：51-53。
差不多翁，〈纏足〉，《臺灣土語叢誌》，4（臺北，1900.05）：10-15。
片岡巖，《臺灣風俗誌》，臺北：臺灣日日新報社，1921。
武內貞義，《臺灣》，臺北：新高堂書店，1927。
近代アジア教育史研究会編，《近代日本のアジア教育認識　資料編第42卷》，
　　東京：龍溪書舍，2004。

## 關於臺灣的解纏足

　　依照當時日本陸軍藤田軍醫表示：纏足數年間之婦女，若一時將其纏足解除，會導致足部一時的浮腫腐爛，其痛苦難耐。故應歷經約3至6個月的時間，採循環漸進慢慢地解除其纏腳布，並避免足部下垂，再以兩手按摩脛部使之促進血液循環，消除浮腫與不覺疼痛，此為解纏足之法。

　　此外，《漢文臺灣日日新報》曾提及，在解纏足之初，約一星期，行步不能自由，然過此漸歸自然，不須半月，則可自由行動；國語學校第三附屬學校校長本田茂吉，也曾在論述「當時女子體育的狀況」時，特別描述過對本科生採「和漢洋折衷」之法，利用溫浴促進血液循環、睡眠時墊軟布片、穿著護謨靴等方式，進行解纏足速成。不過，並非是所有纏足者均能採用如上的方法，這還必須端視纏足者的纏足時間長短、骨骼變異程度等情況而定，變形嚴重者亦不能貿然解纏足。

　　有關解纏足的身體狀況，則必須端視自幾歲開始解纏足，以及在纏足期間其對足部已造成何種不可復原之傷害而定。另據Dorothy Ko的研究指出：人們所稱的「解放腳」不但走起路來比纏足時還要艱難，扭曲變形的情況也往往更加嚴重。

　　眾所周知的是，纏足不利於女子體育運動的實施，對解纏足者而言，則需要端看纏足過後足部骨骼的變化，與恢復的情形後，才能教授適當的體育運動。相信此部分，多少應會與天然足者有所顯著差異。

## 參考文獻

〈纏足及解纏〉，《漢文臺灣日日新報》，1910年1月23日，05版。
〈本島婦人の纏足と其歷史〉，《臺灣始政紀念號第七號》，岩崎緊治編（臺北：臺灣雜誌社，1911），64-65。
本田茂吉，〈在職当時の感想叢談〉，《創立滿三十年記念誌》，小野正雄主編（臺北：第三高等女學校同窓會學友會，1928），319-323。
Dorothy Ko, *Cinderella's sisters: A Revisionist History of Footbinding*, California: University of California Press, 2005.

即能去除。[22]

　　日治初期由於臺灣總督府秉持著漸進主義統治原則，僅對社會既存舊慣之纏足、辮髮、吸鴉片等採用漸禁政策，希望從中上階層發起放足運動。但雖有大稻埕醫生黃玉階率先發起組織「臺北天足會」，[23]然據1905年的「臨時臺灣戶口調查結果表」顯示，當時纏足的婦女共計有約800,616人，佔全臺女性人口約56.94%，放足的女性僅佔纏足人口的1.1%，可見纏足之社會風氣問題，並非一朝一夕即能去除。[24]

　　為何臺灣女性遲遲不解纏足，其原因不外乎為受到美觀與婚姻等傳統世俗觀念所影響。[25]所以，亦有文獻直接指出，纏足「其責不在女子而在男人」，希望男性不再以「小腳」作為娶妻擇偶的條件，必須以諸如婦女內在美、身體強健，或是注重生產力為要。[26]值得關注的是，自1902年起在臺灣公學校教科書中，即有〈纏足〉

---

[22] 臨時臺灣戶口調查部，《臨時臺灣戶口調查結果表》（臺北：作者，1908），388-389。有關詳細放足運動的組織與開展情形，請參考吳文星，《日治時期臺灣的社會領導階層》（臺北：五南，2008），217-247。

[23] 臺灣總督府史料編纂會編，〈大稻埕ノ醫生黃玉階天然足會ヲ設立ス〉，《臺灣史料稿本明治三十三年二月是月》（臺北：臺灣總督府史料編纂會，1900）。

[24] 臨時臺灣戶口調查部，《臨時臺灣戶口調查結果表》（臺北：作者，1908），388-389。有關詳細放足運動的組織與開展情形，請參考吳文星，《日治時期臺灣的社會領導階層》（臺北：五南，2008），217-247。

[25] 有關此部分，請參見洪郁如，《近代台湾女性史　日本の植民統治と「新女性」の誕生》（臺北：勁草書房，2002），58-63、68-70；金湘斌，〈日治初期（1895-1906年）臺灣學校女子體育的摸索與建立〉，《師大台灣史學報》，4（臺北市，2011.09）：161-201。

[26] 〈纏足之弊宜矯〉，《漢文臺灣日日新報》，1908年12月17日，02版；〈天然足會其速興諸（續）〉，《漢文臺灣日日新報》，1911年5月5日，01版。

乙課，文中指出纏足惡習對女子身體的影響，在於造成身體不便、不良於行、工作不易等，並表示近來女童逐漸放足，誠是一好現象。[27]而且，在該文末的土語讀方又繼之提到：「若愛給身軀勇健，運動比食好食物卡要緊。」[28]可謂是藉由纏足身體的不自由，加強聯繫了藉機在課堂上教育身體運動的重要性。除此之外，在幾則有關附屬女學校解纏足狀況的報導中，又分別提及女學生自知纏足之陋劣，而有解纏之者，其舉動活潑、方便步行，畢業後則從事文明之職業，有銜命而為公學校教師者，亦有願學為看護婦者等相關論述。[29]由此可見，日本殖民政府亟欲透過新式教育來改變、鼓吹臺灣社會對纏足觀念的轉換建置與重新塑造臺灣女性之新形象。當然，我們亦不能忽視，此時期女性能夠接受教育的人數普遍偏低的問題，[30]不過相信透過在近代學校的教化下，多少應能鬆動臺灣社會對女性纏足根深柢固的保守觀念。

相信透過上述的說明，回過頭來檢視日治初期臺灣女子體育體運動實施背景之時，大致上就可理解當時臺灣社會纏足風氣尚存，而纏足所可能衍生的諸多問題，基本上可歸咎於出自不良於行之身

---

[27] 吳文星，《日治時期臺灣的社會領導階層》，226。

[28] 臺灣總督府，《臺灣教科用書國民讀本第九卷》（臺北：作者，1912），31-33。

[29] 〈女教勃興〉，《臺灣日日新報》，1906年5月27日，02版；〈本島女教員及其成績〉，《漢文臺灣日日新報》，1906年11月16日，02版；〈養成本島女為看護婦〉，《臺灣日日新報》，1905年11月16日，02版；〈看護婦生徒〉，《臺灣日日新報》，1906年4月29日，03版。

[30] 就游鑑明的研究指出，截至1908年女子就學率，也僅不過只有1.02%。游鑑明，〈日據時期台灣的女子教育〉（臺北：國立臺灣師範大學歷史研究所碩士論文，1987），286。

體不便所致。可想而知，這無疑除間接限制了臺灣女性可自主活動的空間範圍外，同時也扼殺參與體育運動競技的可能性，[31]更遑論要直接移植日本女子體育實施經驗至臺灣女子身上。因此，纏足自然也就成為日本殖民地教育當局不得不面對的棘手問題，若要對臺灣女子實施體育課程，想必應會遭遇許多阻礙與困難，可能還需轉變、簡化實施上的步驟與方法。

## ❖未明文規定的女子體育教學內容

日治時期的臺灣女子教育主要是從1897年國語學校第一附屬學校女子部開始，但是主要的教授科目並沒有包含體育相關課程，且未詳加註記說明。[32]就當時國語學校第一附屬學校女子分教場主任高木平太郎與教員柯秋潔分別表示：「纏足的結果，無法承擔些許的勞動，僅能以選茶、飼養豬雞等」[33]，以及「女子有厭惡外出之習慣，因纏足之因，步行甚為困難」[34]之情況來看，是不難約略猜

---

[31] 由於纏足的關係，步行時僅能以足部的少數面積來支撐全身之重量，其又為防止跌倒，故必須採取保持低重心的姿勢，此即是纏足女性進行方向移動的生理特點。另外，由於足弓的高低差，也會影響腳掌上下左右角度大小的變化，進而衍生運動表現能力上的差異。再者，就站立姿勢的安定性來說，因為纏足女性支持基底面積較一般人要小，故要冒然施行體育運動除有可能會產生重心不穩而跌倒外，甚至還有可能引發骨折的危機。此現代運動學相關之觀點，請參考齋藤宏編，《運動學》（東京：医歯藥出版株式會社，2006），107-110、149-152。
[32] 臺灣教育會編，《臺灣教育沿革誌》（臺北：臺灣教育會，1939），709。
[33] 近代アジア教育史研究会編，《近代日本のアジア教育認識　資料編第42卷》，396。
[34] 小野正雄編，《創立滿三十年記念誌》，260。

測出均是受纏足之影響。

　　此外，《創立滿三十年記念誌》與《臺北師範學校創立三十周年記念誌》又提到：「回想當時婦人之狀況，當地方之中流以上者厭惡外出，全部纖細之纏足婦女，無法忍受站立1-2分鐘左右，故不論大人、小孩要其自行通學甚有困難，8、9歲之年幼者往往還需家人背負接送往返。而且時時亦可目擊因足痛之困擾而在室內角落哭泣可憐之狀，更何況要參與類似運動遠足之活動。」[35]等情形，或許學校方面就在此諸多的考量下，遂並未立即將體操科（今日學校的體育課程）列入成為教授科目的範疇。

　　1898年公學校成立後，雖說在〈臺灣公學校規則〉當中，已將體操科列為必授科目，並規定一週實施2小時，教授內容為普通體操與遊戲。[36]由於此規則並未明確註記區別男、女之授課內容、方法等，故據此應該可將此規則視為臺灣女子體育實施上的法規準則。然而可惜的是，由於此法規在設立之初，似乎並未考量到女子教育的問題，所以在日後公學校隨著女子就學人數的增加，附加當時女子又普遍存在著纏足的問題，致使在實際面對教授女子體操科時，引發不少相關的爭議與教學上的困擾。[37]

---

[35] 小野正雄編，《創立滿三十年記念誌》，49；大橋捨三郎，〈國語學校時代の附屬女學校〉，《臺北師範學校創立三十周年記念誌》，芝原仙雄編（臺北：芝原仙雄發行，1926），69。

[36] 臺灣教育會編，《臺灣教育沿革誌》，232。

[37] 據1904年針對女子體操科的報導指出，當初似乎確實是並未考量到女子纏足的問題，故才引起教學上的疑慮。請參閱〈女生徒之體操〉，《臺灣日日新報》，1904年6月8日，03版；〈女生徒の體操教科に就いて〉，《臺灣日日新報》，1904年6月7日，02版。

另一方面，做為具有女子教育教學示範性質的國語學校第三附屬學校（原國語學校第一附屬學校女子部），則是未將體操科納入成為必修科目，僅在本科（修業6年之小學性質）的考備欄註記「每日應該教授大約三十分鐘之遊戲」[38]的規定。而在手藝科（修業3年之中學性質）的部分，同樣地未明文規定要上體操科，但是從學生「不明白健康的重要，希望不要教授體操；因為纏足的關係，不喜歡體操；不用說體操，連站立十分鐘都困難」[39]等的回憶，以及曾於1898年、1901年臺灣總督兒玉源太郎、北川宮妃殿下蒞校參訪時，展現女子生徒的表情遊戲和能在運動場遊玩之教學成果訪視中，[40]可窺探出因該校有肩負起做為近代學校文明教化之模範宣傳、興辦女子教育與培育公學校教員之性質，故仍有嘗試著進行體育教學。再者，該校校長本田茂吉亦針對「當時女子體育狀況」指出：

　　女學生幾乎全部纏足，要嘗試矯正纏足與解纏足之事，在矯正方針部分採用實施遠足來促使她們運動，藉此體驗纏足的不便；在普通體育實施部分一開始並未置於課表內，以誘導施行整頓進行、唱歌表情遊戲等，並假借參拜名義實行遠足。[41]

---

[38]　臺灣教育會編，《臺灣教育沿革誌》，717-718。
[39]　小野正雄編，《創立滿三十年記念誌》，369-370。
[40]　小野正雄編，《創立滿三十年記念誌》，327；近代アジア教育史研究会編，《近代日本のアジア教育認識　資料編第42卷》，341、361。
[41]　小野正雄編，《創立滿三十年記念誌》，319-323。

▌圖50：國語學校第一附屬學校女子部授課情形。

▌圖51：1901年，國語學校附屬女學校纏足學生之遊戲。

由此可推斷，遊戲與遠足之嘗試性的作法，除了可誘導纏足女學生從事體育運動，並實際體驗身體不良於行之外，更不失為是日本殖民教育者摸索殖民地臺灣女子體育運動實施方針的第一步。

## ❖女子體育全面必修制度的確立與異常狀態的矯正

　　1904年3月11日，公布〈臺灣公學校規則〉之修正條文，對體操科的內容、方法（第十四條）部分增列：「本科目授課之時，最初以遊戲為主，漸漸地加入普通體操，而女子學童，則以適當的遊戲教授為主」[42]之規定。此外，從臺北廳與臺灣總督府的諮詢書信往來中得知，可視女子纏足和步行的狀況來決定是否免課體操，或者僅教授適當之遊戲即可。[43]因此，約略可窺探出日本殖民教育者對臺灣女學生教授普通體操一事，尚存有保留的態度，相信這與學校女子纏足率高居不下有著極大的關連。[44]

　　有趣的是，從《臺灣日日新報》報導1903年國語學校第一附屬學校運動會之「惟女生徒奪得首標，多係不纏足者，可見天然之足，大有裨益也」[45]；或是1904年國語學校第二附屬學校（原國語

---

[42] 臺灣教育會編，《臺灣教育沿革誌》，265。

[43] 關於1904年〈臺灣公學校規則〉體操科規定，以及臺北廳與臺灣總督府對體操科的相關釋疑，請參閱金湘斌，〈日治初期（1895-1906年）臺灣學校女子體育的摸索與建立〉，185-188。

[44] 雖說無法得知臺灣公學校全體的纏足率，但就臺北廳的統計數據可知，1902-1904年的纏足率皆在9成之上。臺北廳總務課編，《臺北廳第一統計書》（臺北：臺北廳總務課，1907），317。

[45] 〈學校生徒運動會況〉，《臺灣日日新報》，1903年10月28日，08版。

學校第三附屬學校）於畢業典禮後，轉辦運動會進行數回之唱歌遊戲、競走遊戲等，且因演出熟練，頗得觀眾喝采的事例中，[46]除得知體育課程並未受纏足影響而完全停擺外，亦開始見到臺灣天然足女性在運動場上奔跑奪得第一的身影。

另從當時專門研究女子教育的國語學校第一附屬學校女子部（今老松國小）藤黑總左衛門教師，針對三、四、五年級纏足女學生以先教授「柱鬼」、「羽子毽」等遊戲，待足部漸漸地結實後，接著才開始教授「行進遊戲」、「亞鈴」、「體操」、「表情遊戲」等實際授課情形來觀，[47]似乎開始有了不同以往僅施予適切遊戲的改變，且其注意到足部肌肉力量不足的生理特徵，採用誘導、循環漸進之類似復健手段方法，就猶如現今適應體育教授法一樣，可謂是掌握到對肢體障礙者差異症狀的適應性能力，以及由簡而繁、漸進發展的基本原則，同時也為日後實施普通體操積累些許經驗。

1906年4月，〈臺灣總督府國語學校第二附屬學校規程〉改正，為解決地方女教員不足的問題，首次將體操科列為中等教育機關的必修科目。[48]從法規上而言，正式全面地確立了臺灣學校女子體育的必修制度。然而可惜的是，據1907年與1908年該校技藝科畢業生的回憶表示，當時的學生因纏足緣故，體操科的施行並未十足

---

[46] 〈士林女學校の卒業式〉，《臺灣日日新報》，1904年4月5日，02版；〈士林女學校卒業式〉，《漢文臺灣日日新報》，1904年4月6日，03版。
[47] 藤黑總左衛門，〈三十年前の女子教育〉，《臺灣教育》，391（臺北，1934.12）：71-72。
[48] 小野正雄編，《創立滿三十年記念誌》，76。

順利，並且對體操抱持有厭惡感。[49]

　　相對於上述免課體操，或是教授適當遊戲之消極作法，1907年赴臺灣總督府國語學校擔任助教授的濱崎傳造，卻抱持不同的意見認為，正因為婦女纏足之風俗有影響生理發育之虞，故萌生藉由實行體操中的「下肢運動」來進行矯正之構想。隨後，便立即提出〈臺北廳體操法教程〉，並在實施目的當中清楚指出：「異常狀態的矯正＝特殊的方法」，且在教學內容上提出採用降低標準、簡化動作、減輕負擔、免除舉踵等各式普通體操指導法，藉此鼓勵臺灣纏足女子多從事下肢運動。[50]然而，此構想並沒有引起臺灣總督府的認同，反而以「對本島女子教授本教程之事，是否於衛生上有害（可能意指纏足之事），有必要進行實地考察與研究」[51]之說法予以回應，若進一步根據史料可知，至1909年6月臺灣學校整體之女子纏足率為57.76%；天然足率為37.31%；解纏足率為4.69%，[52]故由濱崎氏所考案之體操法教程，經臺灣總督府的評估過後，認為在實際層面對臺灣纏足／解纏足女子實施普通體操仍言之過早，尚待持續研究與評估。

---

[49] 據林黃氏包表示：「對學科當中最感到困擾即是體操。由於本島傳統風俗的關係，婦女們大多纏足，且有著小腳即是最美之根深蒂固的想法。也因為步行時搖搖晃晃，故不善於體操。一到體操時間，就感到不知如何是好，有時亦會討厭體操老師。」請參見小野正雄編，《創立滿三十年紀念誌》，377、381-382。

[50] 請參照濱崎傳造，〈新案遊戲〉，《臺灣教育會雜誌》，59（臺北，1907.02）：18-19；〈臺北廳普通體操改定報告ノ件〉，《臺灣總督府公文類纂》，1908年永久保存第二十一卷。

[51] 〈臺北廳普通體操改定報告ノ件〉，1908年永久保存第二十一卷。

[52] 臺灣總督府民政部學務部學務課編，《臺灣總督府學事年報》（臺北：臺灣總督府民政部學務部學務課，1912），184-185。

圖52：變換行進（濱崎傳造考案）。

（左）圖53：臺灣纏足女子之「屈膝側出下翼直立」（濱崎傳造考案）。
（右）圖54：臺灣纏足女子之「屈膝側出下翼直立」和「半屈膝下翼直立」示意圖（濱崎傳造考案）。

　　但值得關注的是，若針對上述免課體操、簡化體操動作的方式進行深入考察，不難發現這與今日對肢體障礙者施以醫療復健，或是採適應體育幫助機能回復有著相類似的手法。再者，這與高彥頤

述及:「纏足不是一種負累,而是一種特權。」所衍生而來「疼痛的身體」與「醫護的對象」的論述思維有著異曲同工之妙,無疑是體現對屬於纏足,或是解纏足這群無聲的受害者在從事體育運動時,站在考量她們不良於行的生理特徵上,給予某種程度上減免運動的權力。[53]另一方面,從運動上不如天然足者,漸知纏足之不自由,而要求父兄解纏足;參加運動會時,甚覺不便自行解纏足,願父母勿以美觀而反對;纏足者自知不便,進行體操旅行之時,實深困苦,因而解纏足恢復天然等新聞報導中,[54]不僅可得知日本殖民

▎圖55:臺灣女學生的運動(艋舺公學校)。

---

53 高彥頤(Dorothy Ko)著,《纏足:「金蓮崇拜」盛極而衰的演變(Cinderella's sisters: A Revisionist History of Footbinding)》(苗延威譯)(北縣:左岸文化,2007), 173-181、290-293。

54 上述事例,請分別參閱〈解纏漸移〉,《漢文臺灣日日新報》,1908年4月12 日,02版;〈桂香月影〉,《漢文臺灣日日新報》,1909年11月11日,05版; 〈台中通信〉,《漢文臺灣日日新報》,1911年10月11日,03版。

者持續採用體育運動做為讓纏足者實際體驗身體不便的手段外，更可察覺現代經驗動搖纏足美觀，以及社會氛圍對女性身體意象改變的游移。

## ❖對女子實施普通體操的正式確立

1912年11月28日，〈臺灣公學校規則〉改正，在體操科的內容與方法上規定：「體操初以遊戲為主，漸次加授普通體操」[55]，與唱歌合併每週授課3小時。值得注意的是，將舊規則中的「女子學童，則以適當的遊戲教授為主」之內容刪除，其原因在《臺灣教育》中僅以「當年認為必要之事項與時勢之進展」[56]予以帶過，相信這可能與當時解纏足運動日趨順遂，以及公學校纏足人數顯著減少有關。另外，就1912年大稻埕女子公學校在如何實施「體育獎勵」中曾提及：「學校體操科施行之初，確實顧慮到臺灣纏足風俗之習慣，故僅能消極放任採用適宜之遊戲用來取代體操教學，在歷經摸索與積累一定的經驗後，才改教授一般的遊戲與體操，且規定一至三年級以教授遊戲為先，四至六年級則以體操教學為主。」[57]故可推斷此次內容的修訂，臺灣總督府應該是認知到對公學校女學生實施普通體操已到無須顧忌之階段。

---

[55] 臺灣教育會編，《臺灣教育沿革誌》，299。

[56] 〈臺灣公學校規則改正せらる〉，《臺灣教育》，128（臺北，1912.12）：13。

[57] 〈臺北學界一瞥（四）大稻埕女子公學校（下）〉，《臺灣日日新報》，1912年6月13日，01版。

若再透過其他報導可得知，此時期做為臺灣女子中等教育機關的國語學校附屬女學校（原國語學校第二附屬學校），除依規則進行體操授課外，還採用舉辦遠足會、運動會等各種課外活動來破除忌諱外出之風氣，以及藉此檢視纏足／解纏足學生身體發育狀況的改變。舉例來說，1910年有報導指出該校遠足會：「蓋本島女子，甚忌外出，習俗相沿，牢不可破。雖當初之遠足，有些困難，然至今日，斯弊已除，此未始非文明之餘澤也。」[58]在運動會方面，該校約50名學生執體操輪以為跳舞，皆不疾不徐，步驟井然；一年級生之唱歌遊戲亦有天真浪漫，可知平日教法得宜。[59]

　　接著從1914年《公學校教授細目》的〈體操科教授細目〉中可發現，教材依舊存有男女動作區分，且限制對臺灣女子實施「單腳相撲」、「前進跳遠」、「跑步急停」、「行進轉跑步」等動作，這情形比1913年日本內地公布之《學校體操教授要目》對日本女子限制之動作多出許多。但若與1907年〈臺北廳體操法教程〉相較，其實對臺灣女子在「舉踵」與「跳躍」的限制上，已有大幅縮減。[60]相信這與1914年10月臺灣公學校女子纏足率大幅下降至

58　〈學界雜俎〉，《臺灣日日新報》，1910年5月31日，02版。
59　〈楓葉荻花〉，《臺灣日日新報》，1911年11月1日，03版。
60　有關臺灣女子體育在1914年《公學校教授細目》的〈體操科教授細目〉與1913年日本內地《學校體操教授要目》，以及與1907年〈臺北廳體操法教程〉之間的實施差異，基本上是出自於「舉踵」與「跳躍」延伸出的動作，除「帽子取競爭」、「棒押」、「對列足球」、「懸垂橫行」四項外，臺灣女子比日本女子還多出「前進高跳」、「跑步轉行進」、「跑步時後轉向」、「擬馬競走」、「懸垂左右震動」等動作。請參閱金湘斌，〈纏足から天然足へ：日本統治前期（1895～1925年）台湾における学校女子体育に關する研究〉（金沢：金沢大学人間社会環境研究科博士論文，2013）。

28.67%，解纏足與天然足比率分別上升至13.09%、58.23%之背景有關。[61]

　　整體而言，此時期的臺灣學校女子體育的發展歷程，可謂是隨著女學生纏足率的逐漸降低、解纏足與天然足者之比率逐漸攀升而有所改變。此外，相信在體操科正式確立成為學校女子教育的必修課程後，透過日本殖民教育者以改善身體健康之近代文明觀點勵行實施下，不僅使得臺灣女子體育逐漸擺脫纏足慣習的影響力外，更從原先採用遊戲取代體操教學的摸索、實驗階段，朝著確立實施普通體操的方向逐步邁進，當然亦能促使禁止纏足後的臺灣學校女子體育迅速構築出體育教學正常化的環境。

[61] 〈公學校兒童の辮髮及び纏足に就きて〉，《臺灣教育》，152（臺北，1914.12）：36。

# 「足」的全面解放：
## 天然足世代興起的臺灣女子體育

### ❖打造符合天然足世代的體育教科書

　　1915年4月15日，臺灣總督府有鑑於斷髮運動與解纏足運動在臺灣已經形成一股全面性的風潮，遂決定以公權力的方式通令各廳長將禁止纏足與解纏足事項附加於保甲規約中。[1]令人驚訝的是，不出三個月，臺灣人女子全體解纏足率迅速提升至34.9%，天然足率則達41.29%。[2]不過，在1915年天然足人數激增與纏足人數驟減，以及一舉破除纏足舊慣的同時，仍有超過約半數的女子有著纏足的經驗，且亦有高達47萬6千多解纏足者出現於臺灣社會之中。

　　就學校部分，國語學校附屬女學校則是於1914年之際對外宣稱，該校110餘名學生已無纏足。[3]但事實上，在1915-1916年間多少還是有纏足者新生至該校就學。[4]1917年5月時，該校又對外表示今年已無纏足之入學新生，而殖民教育當局甚至以此現象，宣揚

---

1　有關纏足辮髮運動推展的過程與社會領導階層之觀念，請參閱吳文星，《日治時期臺灣的社會領導階層》，209-256。

2　石渡榮吉，〈本島人同化ノ趨勢（一）〉，《臺灣統計協會會報》，123（臺北，1916.04）：12。

3　吳文星，《日治時期臺灣的社會領導階層》，229。

4　〈通信彙報篇〉，《臺灣教育》，155（臺北，1915.03）：66。

初等教育的顯著進步。[5]然而，在檢視《臺灣總督府學校生徒及兒童身體檢查統計書》過後可知，截至1917年4月時，公學校的天然足為77.69%、纏足率為0.74%、解纏足率為21.57%；附屬女學校的天然足為60.34%、纏足率為0%、解纏足率為39.66%。[6]

此外，在《創立滿三十年記念誌》中，雖提及附屬女學校解纏足者的足已獲得解放，但大部分人的腳仍與纏足者類似。[7]若再進一步對照該校的入學身體檢查書，至1920年度刪除「纏足」項目，[8]以及遲至1927年度才完全取消對「足」區別檢查的做法，[9]無非都是點出禁止纏足後校園中解纏足者尚存的問題，當然其癥結也誠如Dorothy Ko所言：纏足的終結既非一刀兩斷，亦不是從「纏到解」的直線進程，也不會一夕翻轉；而曾經被改造的雙足也不可能完全恢復成天然，這是一道不可逆的身體工程。[10]是故，從入學身體檢查書廢除對「足」實施檢查的例子中，可窺知當時的日本殖民政府並非不清楚要澈底革除纏足可能需要歷經十多年的過渡期，只是在宣揚成功破除臺灣社會纏足慣習、彰顯近代新式教育推行解纏足的成效，以及為鼓吹近代文明美好幻影的背後，都盡量避談解

---

5 〈面目改れる附女〉，《臺灣日日新報》，1917年5月4日，07版。

6 有關纏足、解纏足、天然足之詳細數據，請參閱臺灣總督府內務局學務課，《［大正六年四月］臺灣總督府學校生徒及兒童身體檢查統計書》（出版地不詳：臺灣總督府內務局學務課，1919），70-73、318-325。

7 小野正雄編，《創立滿三十年記念誌》，101。

8 〈生徒募集〉，《臺灣總督府報》，1919年12月24日，2002號。

9 〈生徒募集〉，《臺灣總督府報》，1927年2月26日，44號。

10 高彥頤（Dorothy Ko）著，《纏足：「金蓮崇拜」盛極而衰的演變（*Cinderella's sisters: A Revisionist History of Footbinding*）》，62。

纏足者尚存於校園的問題。不過,在此應該深思的是,或許解纏足者不會影響多數課程的進行,但對主要以透過身體進行教育的體育而言,多少仍難逃其影響力。有趣的是,正當臺灣女子身體掙脫纏足枷鎖之際,恰好也趕上日本內地女子體育熱潮,為殖民地臺灣學校女子體育構築出新的面貌。

值得關注的是,就在此時局快速變化的當中,臺灣總督府即在1914年12月15日決定從不同於日本內地之「臺灣的氣候環境」與「學校學生身體的發育狀態」兩個觀點,開始著手制訂符合臺灣情況之第一部府定體操教科書,在歷經一年半的研究調查後,將結果於1916年7月20日彙整為〈體操科教授要目取調委員報告書〉。[11]此報告書在「顧慮諸點」中對纏足一事明確提及:「漸次廢減,無須顧慮此事」[12]。換句話說,此時的殖民教育當局已無顧忌纏足對女子體育的影響,然在此報告書的內容,依舊可發現臺日女學生在實施程度標準上的落差,畢竟1917年時仍有二成多的臺灣女學生為解纏足者。這樣的情形,據曾任臺南女子公學校教師岡部松五郎回憶:1916年左右,約有一半的女學生為天然足者,剩下的一半則是纏足與解纏足者,當時不論是實施體操或是遊戲,皆幾近滑稽之狀態,而父母對於開運動會乙事更是持大反對態度,擔心女學童會因此跌倒或受重傷,故特地前來觀看孩童參加運動會的情況,然在觀

---

[11]　〈體操科教授要目取調委員設置〉,《臺灣總督府公文類纂》,1914年12月1日永久保存第四十一卷;〈體操科教授要目取調委員報告書〉,《臺灣總督府公文類纂》,1916年1月1日十五年保存第三十卷。

[12]　〈體操科教授要目取調委員報告書〉,1916年1月1日十五年保存第三十卷。

賞氣氛愉快、秩序整然的運動會過後，所有擔憂皆瞬間消失，並拍手叫好沉浸於其中。[13]由此可見，仍有不少學校女子體育發展受限於纏足／解纏足者的多寡，故存有實施程度的落差，當然也反映出處於青黃不接過渡時期的實態。

不過，雖仍未達在臺日本人女學生的實施程度標準，但比起日治初期纏足、解纏足、天然足共存於校園中，不知該如何實施體操科的尷尬處境而言，顯然已有大幅度的改善，且在1916年國語學校附屬女學校的校園當中，已能見到「合同體操」、「瑞典體操」、「遊戲」等體育運動順利的實施。[14]隔年，該校又指出：「終於甚少見到纏足者，關於學校體育方面，在以往甚是需要努力，而所謂的體育之事究竟如何實施為好，已然超越現代人的想像。」[15]綜上所述，女子體育雖在引進臺灣之初深受纏足慣習糾葛，但歷經纏足／解纏足女學生大幅度降低，以及學校體育困苦的經營後，已有逐漸朝教學正常化發展的跡象，這無疑是體現臺灣女子體育運動蛻變的過程。

總體而言，1916年〈體操科教授要目取調委員報告書〉的編纂與提出，除反映時局氛圍的變遷外，更可謂是宣告日本殖民政府為臺灣學校女子體育預先籌劃天然足世代到來的實施方向。

---

[13] 岡部松五郎，〈本島婦人に寄せる(二)〉，《社會事業の友》，96（臺北，1936.11）：54-62。

[14] 西岡英夫，〈臺灣人女學生の寄宿舍生—艋舺附屬女學校の學寮見聞記—〉，《臺灣教育會雜誌》，170（臺北，1916.8）：48。

[15] 小野正雄編，《創立滿三十年記念誌》，94。

## ❖不喜愛運動vs.可運動的身體

### 關注男女生理特徵不同的體操科

在第一部府定體操教科書公
布不久後，因受到世界民族主義
與民族自覺思潮之影響，臺灣總
督府為緩和臺灣人對於殖民統治
上的不滿，遂於1919年制定〈臺
灣教育令〉，並於1921年再度修
訂〈臺灣公學校規則〉，但是該
規則對於體操科的目的、內容、
方法則大致上與1912年無異，亦
無特別區分男、女學生，一律教
授體操、教練、遊戲。[16]

翌年，臺灣總督府為期望
達到內地延長主義之「同化」目
的與改善臺灣教育制度，故又
於1922年修正公布〈新臺灣教育
令〉，實施所謂的「共學制度

▌圖56：1921年公學校女學生參加聯
合運動會。

（在臺之教育，不再區分日本人與臺灣人）」。依據此次的修正，
臺灣總督府立即於同年公布〈臺灣公立公學校規則〉，並調整體操

---

[16] 臺灣教育會編，《臺灣教育沿革誌》，338。

科的目的、內容、方法。其中，比較特別的部分在於，此規則清楚說明體操科的教授應斟酌男女之不同，並傳授基本之運動生理知識，且依環境情形於授課時間內、外適當實施戶外運動與教授游泳。[17]若進一步對照1921年臺北師範學校附屬公學校編之《公學校教授細目上編》中的〈體操科教授細目〉可得知，男、女學生之間在實施教材上幾乎已無區別，且在第五、六學年還依據男、女生理特徵的不同，分別制定不同的教程。[18]由此可推測，至1920年代初期，日本殖民教育者對於實施臺灣女子體育運動的關注焦點，已經從原本對身體足部缺陷的擔憂，移轉至注意男女身心生理特徵的不同。

## 排斥運動競技的傾向

　　另一方面，在中等教育機關部分，從1919年與1922年分別公布的〈臺灣公立女子高等普通學校規則〉，以及〈臺灣公立高等女學校規則〉之體操科目的、內容、方法上可知，其內容除與初等教育機關大致相同外，亦無法看出其與日本女子、臺灣男子在法規上有任何差異的存在。[19]相信這不僅反映出基於日本殖民政府的內地延長主義政策外，也顯示出殖民地教育當局已然不再擔憂纏足對體育

[17] 臺灣教育會編，《臺灣教育沿革誌》，367。

[18] 該體操科教科書之詳細內容，請參閱臺北師範學校附屬公學校，〈體操科教授細目〉，《公學校教授細目上篇》，臺北師範學校附屬公學校編（臺北：不明，1921）。

[19] 有關女子中等教育機關體操科之詳細規定部分，請參考臺灣教育會編，《臺灣教育沿革誌》，831、849。

教學之影響。舉例來說，在1920年代過後的臺北州立臺北第三高等女學校（原國語學校附屬女學校，以下簡稱臺北第三高女）的校園之中，幾乎已無纏足或解纏足女學生之存在，且課堂上教授正規體操已成常態，校方亦會在朝會和課外活動時，實施體操、遊戲、遠足，甚至獎勵戶外運動，藉此養成從事運動的興趣與改善中上流婦女體弱、重視勤勞善良的氛圍。但是，礙於臺灣女子在家庭教育上多半是交由纏足母親教導的關係，故該校女學生在先天即有排斥運動競技的傾向，僅只有朝會體操與屬於室內運動的桌球較能夠獲得學生的青睞。[20]

　　然而這樣的現象，甚至還有可能會影響到臺灣公學校女子體育運動的教學，據當時在該校擔任教育學的武山教師表示：

> 附屬女學校時代（1910-1919年）的女學生解纏足者甚多，故在畢業後成為公學校教師後，大多給人帶有不活潑的印象，直至1922年後才有大幅度的改善。另外，由於臺灣女學生深受儒教、民族性、纏足等傳統風俗之影響，使得女學生思想保守、不喜愛外出，以及不具有積極從事運動的傾向。因此，殖民教育當局大多認為臺灣人女子教員無法勝任體操科教學。不過，相信隨著纏足禁止與臺灣女性獲得解放，以及對營養、運動、體育等知識的增長，臺灣人女子教員的表現將不遜色於日本女子教員。[21]

---

[20] 小野正雄編，《創立滿三十年記念誌》，145、161-164、424-425。
[21] 小野正雄編，《創立滿三十年記念誌》，452-457。

亦即，從纏足通往解纏足／天然足的過程，既非一刀兩斷，也不會一夕翻轉，要使臺灣女子從深居簡出邁向戶外跑跳，甚至參與運動競技，也非單禁止纏足即可達成，就算身體已解放，相信還尚需扭轉臺灣傳統儒教思想觀念，即使如此，殖民教育當局也未完全悲觀，認為這僅是過渡，放眼未來期待天然足世代臺灣新女性在體育運動上的可塑性。

## 打破競技的藩籬

> 來競技
> 白衣紅帽男兒服，短袖練裙女子裝，
> 步伍整齊來競技，縱橫分作十三行。[22]

接著，從較早步入天然足世代之公學校體育運動實際實施的情況來觀察，就運動會舉辦的內容上可得知，臺灣女學生參與的項目已不再侷限於唱歌遊戲，在體操的演出與跑步的競賽中都開始可以看見她們的身影。[23]此外，彰化女子公學校亦於1916年9月開始嘗試教授網球，以及在1920年的課外活動中帶領女學生進行登

---

22 〈來競技〉，《臺灣日日新報》，1923年4月26日，06版。
23 舉例來說，在1919年臺北廳公學校聯合運動會中，皆可看見女學生參與體操、合同體操、賽跑、唱歌遊戲等項目。〈直轄公學校聯合運動會〉，《臺灣日日新報》，1919年11月8日，04版。另有關1915-1924年公學校女子參與運動會的情形，請參考金湘斌，〈纏足から天然足へ：日本統治前期（1895-1925年）台湾における学校女子体育に關する研究〉，249-250。

山。[24]同區域的彰化高女，自1921年起幾乎年年舉辦運動會，不僅有一般的競爭遊戲外，還嘗試舉辦田徑運動競技項目，首開地方運動競技風氣。[25]由此可知，有關運動競技、戶外休閒活動等項目的實施，對於當時的女學生而言，應該不會太陌生，而大多數學校也藉由課外活動的形式來嘗試施行，這不外乎也具有鍛鍊女學生體魄的意涵。

令人意外的是，在1923年「全島學校聯合運動會」廣邀各級學校選手參加之熱門項目——校際接力中，卻不見臺灣女學生的參與，其原因無從得知，[26]但至隔年10月時，《臺灣日日新報》以「昨日精彩的圓山運動場　觀眾熱血沸騰校際接力賽」為題針對臺北市內六所公學校女學生第一次參與校際接力進行大篇幅的報導，文中內容節錄如下：

> 女子校際接力登場！昔日有纏足慣習，別說參加接力，連參與賽跑都可能有問題，此舉不僅讓民眾手舞足蹈熱情歡呼，更是突顯教育效果之偉大……。[27]

---

[24] 〈女學生庭球〉，《臺灣日日新報》，1916年9月21日，06版；〈女生登山〉，《臺灣日日新報》，1920年12月7日，06版。

[25] 〈彰化の運動會〉，《臺灣日日新報》，1921年11月27日，07版；〈彰化高女運動會〉，《臺灣日日新報》，1924年11月12日，04版；〈彰化高女第五回運動會〉，《臺灣日日新報》，1925年10月24日，01版。

[26] 〈台臨を仰いで舉行さる、　運動会の演技種目　順序及学校名愈々決定〉，《臺灣日日新報》，1923年4月14日，07版。

[27] 〈きのふに優した圓山運動場の賑ひ　觀眾に血を沸さした對校リレー競走〉，《臺灣日日新報》，1924年10月27日，03版。

雖說報導帶有宣傳殖民教育成功教化臺灣社會慣習之舉，但同時也意味著殖民地臺灣學校女學生已衝破長久以來框架在女性身體上的束縛，一舉踏入運動場參與競技，享受運動競技所帶來的緊張與刺激。同樣地，同年11月7日，在臺南第二高女首次舉辦的運動會中，因有眾多臺灣女學生上場參與運動競賽的情況，也被視為打破臺灣女性跟運動無緣的藩籬。[28]

　　總而言之，相信1920年代初期，女學生成群結隊出現在運動場上參加競技，無疑是展示出臺灣女子擁有參與運動競技的身體能力。而生長於天然足世代的臺灣女性，就其身體各方面能力來說，應該也已具備普遍實施運動競技的基礎條件。

---

[28]　竹中信子，《植民地台湾の日本女性生活史》（東京：田畑書店，1996），264。

# 臺灣女子田徑運動的濫觴

## ❖日本內地女子運動競技的初期發展

　　接著，為使讀者清楚臺灣女子田徑運動的整體發展脈絡，故先將論述焦點轉至日本內地女子體育運動競技的發展過程。

　　女性能夠參與近代奧運會，距今也才不過120多年。回顧女性參加奧運會的歷史，可以知道在1896年第一屆雅典奧運會中並無設有女子的參賽項目，直至1900年「第二屆巴黎奧運會」，才開始有女子選手的身影出現。然而，就國際奧林匹克委員會（International Olympic Committee，以下簡稱國際奧委會）所提供的資料來看，在「第二屆巴黎奧運會」中女性僅能參加網球與高爾夫球二個項目，參賽選手則來自5個國家，共19位選手；1904「第三屆聖路易斯奧運會」中女性僅能參加射箭項目，選手則全是美國人；1908年「第四屆倫敦奧運會」中女性雖能參加網球、射箭、花式滑冰項目，但選手大多來自英國；1912年「第五屆斯德哥爾摩奧運會」中女性已可參加游泳、跳水、網球項目，參賽選手則來自10個國家，共54位選手報名參加。而田徑運動則是歷經波折，且在「國際女子運動聯盟（Federation Sportive Feminine Internationale）」的奔走努力，以及國際田徑總會（International Association of Athletics Federations）要求

國際奧委會將女性納入下，終於在1928年「第九屆阿姆斯特丹奧運會」中首次舉行女子田徑運動項目，自此之後象徵奧運會的主殿堂——田徑場，才正式接納女性運動員的參加。[1]想當然耳，歐美女性積極參與運動競技的情形，很快地也飄洋過海影響了急於西化的日本。

位於亞洲的日本因為自明治維新起，不斷接受西化與文明化的影響，在1872年隨著學制頒布的同時、四民平等的共同思想，以及提倡男女平等下，遂開放了女子教育的門戶，給予平等的學習機會，女子體育至此開始萌芽。[2]

至1890年左右，日本就有女性開始在現代運動的場合中陸續登場。[3]不過，此時期女性能參與運動的機會其實不多，僅侷限於上階層的高爾夫球，或是於學校課外活動中的學習。之後，隨著1895年〈高等女學校規程制〉的訂定，以及1903年〈高等女學校教授要目〉的修正後，學校才開始具體在教學課程中實施槌球、軟網等運

---

[1] 有關女性參與運動以及田徑競賽的詳細過程，請參閱阿倫‧古特曼（Allen Guttmann）著，《婦女體育史（Women's Sports: A History）》（徐元民譯）（臺北：師大書苑，2002），153-162；阿倫‧古特曼（Allen Guttmann）著，《現代奧運史（The Olympics: A History of the Modern Games）》，66-67；ロベルト‧L‧ヶルチェターニ（Robert L. Quercetani）著，《近代陸上競技の歴史 1860-1991誕生から現代まで〈男女別〉（Athletics : A History of Modern Track and Field Athletes, 1860-1990, Men and Women）》（日本陸上競技連盟譯）（東京：ベースボール‧マガジン社，1992），255-292；井谷惠子、飯田貴子編，《スポーツ‧ジェンダー学へ招待》（東京：明石書店，2004），42-47。

[2] 女性体育史研究会，《近代日本女性体育史—女性体育のパイオニアたち—》（東京：日本体育社，1981），7-8。

[3] 井谷惠子、飯田貴子編，《スポーツ‧ジェンダー学へ招待》，47。

動項目。換句話說,日本女子體育運動的普及,是以中等教育以上的學校機關為中心,逐步開始推展。雖然,當時對於女子參與體育運動仍是有諸多的議論,並針對競技項目抱持著批評的態度,深怕女學生們運動過度,故擬從教育界著手禁止舉行過於激烈的競技項目。[4]但是,女性參加運動競技的熱情並沒有因此而被澆熄,甚至在明治時期結束後,隨著競技會的舉辦與運動項目的組織化下,又進一步敞開了女子從事運動競技的大門。

邁入大正時期後,在1917年第五屆全國大會中,首次有一位名為柳光子的女性出場參加男子組200公尺的競賽;不久,大阪每日新聞社亦在豐中運動場舉辦女學校聯合運動會。但若是以真正較具正式比賽的性質而言,則是以1920年由大阪女子體育會為學校女學生與女教員所舉辦的賽會為先河,且自此後逐漸在日本關西地區掀起一波女子運動競技的熱潮。接著,風向馬上吹至日本關東地區,御茶水女師、戶山學校等陸續舉辦女子聯合運動競技會。至1923年時,日本各縣轄內的女學校不僅相繼舉辦田徑、網球、籃球、排球等項目之校內運動競技會外,校際間的對抗競賽也不時上演,這些皆是促使女子運動競技獲得快速發展的養分,甚至為日後開啟女子公開參與運動競技會構築下良好基礎。[5]

1924年是日本女子運動競技劃時代的里程碑,其原因是日本首次專為女性舉辦名為「第一屆日本女子奧運大會」的運動競技會,同時也參酌當時國際上舉辦女子運動競技之內容、項目、規則等方

---

[4]　井谷惠子、飯田貴子編,《スポーツ・ジェンダー学へ招待》,48。

[5]　織田幹雄,《陸上競技百年》(東京:時事通信社,1966),601-603。

式，此舉可謂是深深影響日後日本女子運動競技的發展，其中特別對田徑運動的普及，更是帶來極深遠的意義。[6]

再加上，素有日本女子運動競技先驅者之稱——「人見絹枝」[7]的華麗登場，不僅僅轟動當時的歐美諸國，亦開闢日本女子田徑界邁向世界運動競技的道路，首揭亞洲女子前進奧運會殿堂之風。令人意外的是，人見絹枝竟曾應臺灣總督府之邀約，於1925年來臺，肩負起推廣女子體育與運動競技之重責。[8]耐人尋味的是，雖然我們不清楚人見絹枝對臺灣女子田徑運動的發展帶來什麼樣的影響，但是在她來臺宣傳過後的八年，臺灣女子田徑運動不僅蓬勃發展，且亦有臺灣女子運動員——林月雲踏上赴日留學之路，進入她的母校（日本女子體專）只為練就高深的田徑技術，並且以進軍「奧運會」為目標。

## ❖女子體育運動風潮：臺灣首次的「女子體育講習會」

1920年代，對於臺灣女子體育運動發展而言，可謂是面臨極大的轉捩點，不僅僅是擺脫以往纏足世代的束縛與宣告天然足世代的

---

[6] 有關日本女子競技會與女性運動組織的詳細發展方面，請參閱井谷惠子、飯田貴子編，《スポーツ・ジェンダー学へ招待》，47-50。另外有關日本女子參與田徑運動的始末，請參閱織田幹雄，《陸上競技百年》，601-603。

[7] 有關生平事蹟請參閱本書第155頁「人見絹枝（1908-1931年）」。

[8] 有關人見絹枝來臺推廣田徑運動及擔任女子講習會講師等相關內容，請參閱〈女教師の講習會へ招聘された四女史〉，《臺灣日日新報》，1925年8月9日，02版；〈長袖や美い袴で彩られ繪を見るやうな　女子體育講習會〉，《臺灣日日新報》，1925年8月12日，05版。

來臨，且伴隨女子教育的逐漸普及與高等女學校制度的確立，在臺灣各大都市街頭均可見到天然足世代興起後的女學生身影，她們引人注目的通學姿態、制服姿態、幽雅歌聲、手舞足蹈等的一言一行，著實吸引不少人的目光，相信這群引領臺灣社會走向「毛斷（modern）」的新女性之登場，無疑是這個時代的新景色。[9]

　　恰好，此時正逢日本內地在女子中等教育機關急速成長、各種類型女子運動競技會陸續開辦等因素下，形成一股勢不可擋的女子體育運動風潮，加上大多數臺灣學校女學生也已擁有參與運動競技的身體能力，故使得這股從日本飄向臺灣的女子體育運動熱潮，有了落地發展的環境條件，且在不久過後於臺灣島內各地日趨蓬勃興盛。[10]關於此，從《臺灣日日新報》積極報導臺灣各地女子中等學校陸續開辦屬田徑賽性質之運動會，以及網球、游泳、板球等競技會可得知，在此風氣的助長下，臺灣女子體育運動可謂是正式宣告運動競技時代的來臨。[11]

---

[9] 有關臺灣女性於天然足世代的變化，請參閱洪郁如，〈植民地台湾の「モダンガール」現象とファッションの政治化〉，《モダンガールと植民地的近代》，伊藤るり、坂元ひろ子等編（東京：岩波書店，2010）。

[10] 高橋一郎，〈女性の身体のイメージ近代化〉，《ブルマーの社会史　女子体育へのまなざし》（東京：青弓社，2005），103-107；臺北師範學校附屬公學校研究部，《国語読方科体操教授に關する研究》，609-610。

[11] 有關臺灣各地女子中等學校的體育運動競技報導，請參考〈彰化の運動会〉，《臺灣日日新報》，1921年11月27日，07版；〈第一高女の運動会〉，《臺灣日日新報》，1922年9月24日，02版；〈庭球とコロッケ〉，《臺灣日日新報》，1923年2月13日，04版；〈臺南第一高女の盛んな水泳大会〉，《臺灣日日新報》，1924年9月15日，02版；〈臺中高女庭球戰〉，《臺灣日日新報》，1924年9月15日，02版；〈彰化高女運動会〉，《臺灣日日新報》，1924年11月10日，03版；〈臺南第二高女運動会〉，《臺灣日日新報》，1924年11月10日，01

對此即將到來的女子運動風潮，1925年臺灣體育協會陸上競技部長三卷俊夫表示：

> 在適當時機將會張開雙手歡迎……沒有比女子選手能參加網球競技值得開心之事，若女子競技風氣開啟，女子之排球、籃球、校際接力等將會頻繁舉辦吧！[12]

同年6月，以臺灣女子為中心組隊參加「全島中等學校庭球（網球）大會」的彰化高女便一舉奪得亞軍，此為臺灣女子在全島等級賽事中首次獲獎之紀錄。[13]而同年出版的《國語讀方科體操科教授に關する研究》，雖直接點出臺灣女子因有著不喜愛勞動的習慣、錯誤的婦人美觀念、飲食營養上的不良等，故導致女子在身體發育、體育運動上不如日本內地，但對於臺灣學校女子體育歷經纏足→解纏足→天然足，時至今日皆已能實施順遂之情況，則又是帶著讚歎的語氣道出著實令人有「恍如隔世」之感。[14]

同年8月在臺灣女子體育風氣漸長之時，臺灣教育會進一步揭示「今年以女子體育為重心」的方針，且為促進臺灣女子體育向

---

版；〈嘉義高女の運動会〉，《臺灣日日新報》，1925年11月23日，02版。

[12] 〈女子選手の參加が何よりも先ず喜ばしい〉，《臺灣日日新報》，1925年5月9日，05版。

[13] 〈榮えある月桂冠を得た　臺中高等女學校〉，《臺灣日日新報》，1925年6月15日，05版。

[14] 臺北師範學校附屬公學校研究部，《国語読方科体操科教授に關する研究》，609-610。

圖57：1923年臺灣首次女子網球競賽。

上及培育體操指導者，遂決定於8月11-20日在臺北第一高女舉辦
臺灣首次的「女子體育講習會」，講習內容包括有「教練（27種
類）」、「體操（125種類）」、「遊戲競技（20種類）」，三個
運動項目，共計172種類。[15]其中對本文而言，最值得注目的焦點莫
過於，此次講習的內容有別於以往的學校體操科教授準則，大幅度
地增加了短距離、接力競賽、跳高、跳遠、鉛球、三級跳遠、欄架

---

[15] 〈女子體育講習會〉，《臺灣教育會雜誌》，279（臺北，1925.9）：63-69；〈今
年は女子体育に重きを置く〉，《臺灣日日新報》，1925年7月29日，05版。

圖58：1924年臺南州立嘉義高等女學校（以下簡稱嘉義高女）水上運動會。

圖59：1926年臺北第三高女臺日女學生網球敦睦交流賽。

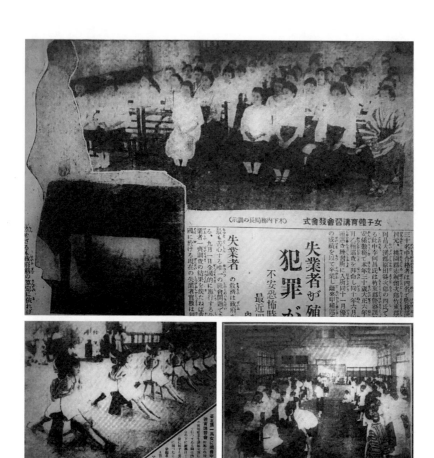

■ 圖60：1925年8月，臺灣首次女子體育講習會的舉辦情形（一）。

等許多屬於田徑運動競技之項目。

　　再者，又特地委託二階堂トクヨ（東京二階堂体操學校校長）邀請內田トハ子（奈良女高師助教授）、御笹政重（奈良女高師助教諭）、人見絹枝（京都市立第一高女講師）、西沢富子（東京二

人見講師の袷を投げたる瞬間

（上は西澤講師　下は人見講師）

肩上伏臥

講習員の遊戲實習

▌圖61：1925年8月，臺灣首次女子體育講習會的舉辦情形（二）。

階堂体操学校卒業生）等日本內地女子體育界之名人擔任講師，其舉手投足充滿魅力的身影與腳踏靴子激似纏足婦人之走路方式，更是令眾人驚豔備受矚目，甚至被媒體形容是如同明星一樣，堪稱為「新女性」的表率，為本次的講習會增添不少色彩。[16]

　　有趣的是，曾經創下國際奧委會公認之三項世界紀錄的日本女子田徑名將——人見絹枝，則是以170公分的挺拔身高與擁有精實

---

[16]　〈今年は女子体育に重きを置く〉，《臺灣日日新報》，1925年7月29日，05版；〈長袖や美い袴で　彩られ繪を見るやうな　女子體育講習會〉，《臺灣日日新報》，1925年8月12日，05版。

肌肉親自赴臺擔任運動競技方面的講師，並於20日「女子體育講習會」閉幕當日，在臺北新公園舉辦的小型田徑運動競技會中，親自出馬示範田徑相關技術要領，更分別以立定跳高1公尺45（世界紀錄為1公尺27）、三級跳遠10公尺40（世界紀錄為10公尺38）、標槍30公尺91（世界紀錄為29公尺96）之成績，超越當時的女子世界紀錄，豎立女豪傑之英勇典範，亦為臺灣體壇增添不少傳奇故事。[17]

　　會後，人見氏又赴臺北第一高女在田徑社120名社員面前，親自示範50公尺起跑、終點線衝刺、標槍、擲鐵餅、跳遠、跳高與三級跳遠等動作要領。雖說，我們不知道她究竟對臺灣女子田徑運動

▌圖62：1925年8月，臺灣女子體育講習會結業式攝影紀念。

<hr>

[17]　〈輝かしく横溢した元氣な躰をお土産に　廿日閉会の女子体育講習会〉，《臺灣日日新報》，1925年8月21日，05版。

發展起了多大的影響與指標性作用，但是從臺北第一高女清水校長所言：「人見老師是受臺灣總督之邀來臺，主要目的是普及推廣臺灣各地的田徑活動。」[18]的一席話中，約略得知人見氏此行之目的，不僅是來臺擔綱講授女子體育教學示範，當然更含有推廣女子從事田徑運動之重任。因此可想而知的是，她短暫的來訪，勢必為日後臺灣女子運動競技的發展注入一股強心針，以及帶來新的面貌。

最後，有關臺灣第一次舉辦「女子體育講習會」之評價，則是可從《臺灣日日新報》以「禁閉到解放」之標題，以及「自女子體育講習會在臺北舉辦過後，全島的學校掀起一股運動熱潮，臺北市也乘機強化公學校女子體育，這樣一來就可以澈底解放幾百年來易陷落深居簡出幽禁慣習之弊病」[19]的報導中窺知，在「女子體育講習會」舉辦過後所掀起的體育運動風潮，可謂是具備挑戰破除臺灣女子深居簡出保守慣習之功效，而女子參與體育運動的形象，更是被視為解放的象徵，為日後臺灣女子體育運動競技的發展構築出飛躍性的基石。

---

[18] 竹中信子，《植民地台湾の日本女性生活史　大正編》（東京：田畑書店，1996），318-319。

[19] 〈蟄居から解放へ　本島人女子のために　運動の好指導者が來る〉，《臺灣日日新報》，1926年3月20日，05版。

圖63：臺灣首次女子體育講習會人見絹枝示範擲標槍、鉛球。

## 人見絹枝（1907-1931年）

1907年1月1日生，日本岡山人，先後就讀福濱小學校、岡山高等女學校。在就讀高女四年期間，熱衷於網球練習，曾率領岡山高等女學校獲得縣中等學校競技大會優勝，並擁有「關西第一前排」、「網球人見」之稱號。由於人見擁有170公分、56公斤的身體素質，以及出色的運動能力，故很快地獲得該校田徑教練的賞

▌圖64：人見絹枝推鉛球。

識。1923年，人見代表學校參加「第二屆岡山縣女子體育大會」，在跳遠項目中即以4公尺67的成績超越日本紀錄，嶄露頭角。

1924年，人見進入「二階堂體操塾（今日本女子體育大學）」就讀，深受二階堂トクヨ的調教，並在短距離、三級跳遠、標槍等項目，逐漸展現過人的天分。

1925年畢業後，赴「京都市立第一高等女學校」任教，期間除陸續在田徑各項目獲得優勝與樹立日本新紀錄（50公尺、100公尺、三級跳遠、跳高、立定跳高等）外，亦受邀前往臺灣各地進行巡迴講習。1926年，進入大阪每日新聞社工作，並在公司的支持下，前往參加「第二屆國際女子競技大會」，在面對歐美強者環伺的競爭下，人見不僅在跳遠項目中以5公尺50的成績打破世界紀錄外，還在立定跳遠、鐵餅、60公尺、100碼、200碼等項目中表現傑出，聲名大噪。1928年，在接受專業指導與認真練習下，獲日本奧運會考選委員的青睞，成為首位代表日本參加奧運會的女性選手，並不負眾望於「第九屆阿姆斯特丹奧運會」田徑800公尺項目中，勇破世界紀錄奪得銀牌。

細數人見絹枝的田徑生涯可知，她不僅曾樹立日本田徑13項全國紀錄外，亦曾創三項國際奧委會公認紀錄，以及四項現今未存在項目之世界紀錄。然而，正當人見活躍於日本社會，並且透過巡迴示範、親自指導、著書演講等方式，試圖普及推廣女子體育與女子運動競技時，卻不幸突染疾病，併發肺炎逝世，得年24歲，結束她在運動場上傳奇飛舞的身影。

## 參考文獻／圖片來源

〈男？女？關東陸上競技選手權大會の女流選手　女子砲丸投げの人見絹枝さん〉，《臺灣日日新報》，1926年5月10日，02版。

今村嘉雄，《新修体育大辞典》，東京：不昧堂，1967。

女性体育史研究会，《近代日本女性体育史—女性体育のパイオニアたち—》，東京：日本體育社，1981。

勝場勝子、村山茂代，《二階堂を巣立った娘たち—戦前オリンピック選手編—》，東京：不昧堂，2013。

## ❖狂倒纏足世代阿婆們：「第六屆全島陸上競技大會」女子選手的初登場

　　一般而言，臺灣田徑運動的起源，基本上與日治時期臺灣各級學校舉辦運動會，以及「體育俱樂部」籌辦小型運動競技賽會脫離不了關連性。[20]不過，這大多僅限於男性。對女性而言，在1920年以前運動會的事例中，雖可見到少數學校女學生參與賽跑的報導，但大多數仍停留在遊戲或表演的層次。[21]

　　上述有關田徑運動項目的發展，雖說可在學校、機關團體舉辦的運動會中見到猶如今日田徑賽會的雛形，但仍和其他眾多運動遊戲種類混雜在一起舉行，且較帶有休閒、娛樂、聯誼等的性質。

　　若要提及真正以田徑運動項目為主體的運動競技賽會，則應該是肇始於由近藤敏夫號召臺北地區田徑愛好者所成立之「二葉俱樂部」，於1920年6月27日在臺北新公園內舉辦的臺灣最初「全島陸上競技大會（又名「二葉會全島大會」）」。[22]接著，正好恰逢臺灣運動競技風氣日漸盛行，遂又於同年10月21日在臺北新公園舉行「第一屆全島陸上競技大會（相當現今全國運動會田徑賽，或是全國田徑錦標賽層級）兼臺灣體育協會成立大會」，田徑運動才正式在臺落地生根。之後，臺灣體育協會為提升臺灣田徑水準，陸續招

---

20　有關臺灣田徑運動的起源，請參閱金湘斌，《日本時代臺灣運動員的奧運夢──陳啟川的初挑戰》（臺北：秀威，2020），44-47。

21　游鑑明，〈日治時期臺灣學校女子體育的發展〉，36-38。

22　竹村豐俊編，《臺灣體育史》，248；〈近藤箕輪兩選手指導下に　陸上競技團生る　二葉俱樂部と命名〉，《臺灣日日新報》，1920年6月3日，07版。

聘或邀請嫻熟此道之淡水中學校長羅虔益（Kenneth W. Dowie）、基督教青年會的布朗（F. H. Brown），以及日本內地名選手人見絹枝、南部忠平、加賀一郎、織田幹雄、永田重隆、鴻澤吾老、宮下靜一郎、石塚長臣等人來臺從事教學、行政、教練及巡迴講座等相關工作，[23]臺灣田徑運動的發展才得以日漸茁壯，更在日後培育出諸多臺灣籍優秀選手，前往全日本運動競技最高殿堂——「明治神宮體育大會」，藉此嶄露頭角與日本殖民者一較高下，甚至進一步挑戰水準更高的國際舞臺。

　　然而，雖說自1920年起在臺灣的女學校中，已逐漸形成一股女子體育運動的熱潮，且在臺北市內六所公學校女學生參加校際接力、臺南第二高女運動會、全島中等學校庭球大會等中，均可見到女學生打破與運動競技無緣的藩籬，以及揮灑汗水的身影，但很可惜的是在前五屆全島陸上競技大會中，仍不見臺灣女子選手參賽的足跡，這顯然是還欠缺關鍵的助力。

■ 圖65：1920年10月21日，臺灣體育協會主辦「第一屆全島陸上競技大會」參加章。

---

[23] 有關田徑運動的起源，請參閱竹村豐俊編，《臺灣體育史》，241-243、248-252。

值得仔細琢磨的是，就在1925年8月臺灣首次女子體育講習會開辦與人見絹枝受邀來臺推展田徑運動過後，臺灣全島各學校已然掀起一股女子體育運動的熱潮，而且在同年9月的豐原田徑賽預選會中，即見到代表彰化高女的甘翠釵、黃藝分別在100公尺（15秒2）、跳高（1公尺21）項目有不錯的表現。[24] 不久過後，臺灣體育協會有鑑於時勢發展，遂決定在同年10月10-11日預定於圓山運動場舉行的「第六屆全島陸上競技大會」中，首次新增女學校競技組，提供女子選手參賽的機會，設有50公尺（一校限三名）、100公尺（一校限三名）、400公尺接力（一校4名）、跳高、排球（12人一組）、三級跳遠等項目，並透過《臺灣日日新報》公開宣傳此事。[25]

　　之後，據《臺灣日日新報》報導可得知，此次的競賽吸引了來自臺北第一高女、彰化高女、臺南第一高女共約30名的女學生組隊前來參賽（50公尺9名、100公尺10名、400公尺接力3組、三級跳遠11名、跳高9名，共計51人次參加），[26] 而且《臺灣日日新報》還以「臺灣體育潮日趨白熱化　女性選手自今年也登場　體育熱潮更

---

[24] 〈豐原の陸上競技豫選會〉，《臺灣日日新報》，1925年9月29日，02版。

[25] 〈體育協會主催　全島陸上競技大會〉，《臺灣日日新報》，1925年9月21日，03版。

[26] 〈第六回全島陸上競技大會　念々十、十一の兩日舉行　參加者男子二六〇名女子三十名〉，《臺灣日日新報》，1925年10月9日，02版。在此補充一點，《臺灣體育史》的記載為，本次大會女性參賽選手：「內地人19名、本島人0名」，故與《臺灣日日新報》存有落差，但無論如何可確認的是已有臺灣女性選手參賽，只是不清楚實際參賽人數。竹村豐俊編，《臺灣體育史》，311。

加熾熱　各項競技勝負難料？」[27]為標題，突顯本次臺灣女子選手的首次登場競技。

　　令人驚訝的是，在首次開放女子參與運動競技的同時，除立即有臺灣女性奔馳在運動場上的身影出現外，更有甘翠釵在50公尺（7秒2，日本紀錄7秒）、100公尺、三級跳遠，分獲第一、第二、第三；黃藝在跳高（1公尺30），獲得優勝；黃春（喜）在跳高，獲得第三的佳績傳出。[28]對此，臺灣體育協會陸上競技部幹事石塚長臣更以「展示纏足開放以來的氣勢」、「本島女子運動界劃時代的新紀元」、「狂倒纏足世代的阿婆們」等詞句來形容臺灣女子在運動競技場上的初次亮相。[29]而在1925年所引燃全臺各地高等女學校的運動競技熱潮，亦引起教育當局的關注，甚至要求在項目選取上當以健全母體為主，避免過於激烈，並期待參照高等女學校校長會議所制訂之競技（50公尺、100公尺、200公尺、200公尺接力、400公尺接力）、跳躍（跳遠、三級跳遠）、投球（軟球、室內棒球、棒球、籃球）、球技（軟網、排球、室內棒球、桌球）、其他（弓術、游泳）等運動項目來實施體育活動。[30]

　　另在此補充，若深入檢視1924年《小公學校教材陸上競技精

---

27　〈白熱化して来た臺灣の體育熱　女流選手も今年から登場　以て意を強うするに足る　各競技の優勝は誰？〉，《臺灣日日新報》，1925年10月10日，02版。

28　竹村豊俊編，《臺灣體育史》，307-311；〈全島陸上競技大會　日本記錄を破った（第二日）〉，《臺灣日日新報》，1925年10月12日，03版。

29　石塚長臣，〈女子スポーツとしての陸上競技〉，6。

30　〈現在の競技種目は　男子を本位としたもの女子の摸倣は　健全な第二國民を作る　母體を鍛へるには不向〉，《臺灣日日新報》，1925年12月14日，02版。

說》、1925年《國語讀方科體操科教授に關する研究》、1927年
《學校體操教授要目》、1933年《臺灣體育史》等文獻史料後可窺
知，短距離競賽、中距離競賽、接力競賽、跳高、跳遠、三級跳
遠、籃球擲遠、籃球、排球等已被列為公學校女學生與高等女學
校的正式實施項目，再加上各地高等女學校運動社團的相繼成立
下，相信已為殖民地臺灣學校女子體育日後的發展，逐漸整備出
合適參與運動競技之環境。至1928年時，在〈高等女學校規則〉改
正中，則又明訂「體操應教授體操、教練、遊戲，並使其知曉運動
生理之概要，也應增添競技與游泳之內容。」[31]因此不難窺知，運
動競技的實施已儼然成為殖民地臺灣學校女子體育中不可或缺的一
部份。

總括而言，臺灣女子在運動競技場上的首登表現，不僅明顯標
示著從纏足至天然足世代間「運動能力」的變化歷程，同時也呈現
出臺灣女子從深居簡出至參與運動競技觀念上的轉換。

不過很可惜的是，在接下來的幾次全島陸上競技大會上，臺
灣籍女性運動員則較無突出之表現，僅有朱盡（新竹女）、顏碧霞
（彰女）、邱寶雲（臺南）、陳美（新竹女）、彭悅治（基女）、
莊小菜（臺南女）、陳碧玉（北三女）、陳善（新竹女）、陸肇
蟾（臺南支）等人零星的獲獎。[32]不過至1931年後，以林月雲、蕭

---

[31] 臺灣教育會編，《臺灣教育沿革誌》，338。
[32] 有關當時臺灣女子獲獎及成績紀錄，請參閱「附錄四：臺灣體育協會主催各種
女子陸上競技紀錄一覽表（僅列臺灣籍女子運動員參賽成績）」，原文則請參
閱竹村豐俊編，《臺灣體育史》，307-319。

織、廖貴雲等臺灣女子為主的彰化高女代表隊，又將再度崛起、傲視群雌，而林月雲本人不僅一舉成為參加明治神宮體育大會之首位臺灣籍女性運動員外，日後甚至將目光放在以參加奧運會為目標，不斷地努力地在田徑場上來回奔跑、衝刺飛躍，更為臺灣女子體育運動史開創許多嶄新的紀錄。

▌圖66：1925年，「第六屆全島陸上競技大會」女子跳高。

▌圖67：1925年，「第六屆全島陸上競技大會」女子400公尺接力起跑。

▌圖68：1925年，「第六屆全島陸上競技大會」彰化高女甘翠釵50公尺優勝。

附錄

# 附錄一

## 林月雲生平略事一覽表

| 年代 | 年齡 | 內容 |
|---|---|---|
| 1915年<br>(大正4) | | ➢ 9月8日,於彰化郡和美庄柑子井生,林絹宗之三女(父:林絹宗,母:林吳卻)。 |
| 1929年<br>(昭和4) | 14歲 | ➢ 3月,彰化女子公學校畢業。<br>➢ 4月,入學彰化高女。 |
| 1931年<br>(昭和6) | 16歲 | ➢ 第一位代表臺灣參加明治神宮體育大會之女子,獲「第六屆明治神宮體育大會」女子三級跳遠第二名。<br>➢ 創臺灣女子三級跳遠紀錄,成績10米96。<br>➢ 1931年日本陸上競技女子100公尺第十傑(臺灣第一傑)、三級跳遠第二傑(臺灣第一傑)。 |
| 1932年<br>(昭和7) | 17歲 | ➢ 5月,與蕭織赴日參加「第十一屆奧運會(洛杉磯)全日本預選會」,此為臺灣籍女性運動員首次參與奧運會選拔。<br>➢ 6月,以11公尺51的成績突破日本三級跳紀錄(非正式紀錄)。<br>➢ 當年度日本陸上競技女子100公尺第六傑(臺灣第一傑)、三級跳遠第三傑(臺灣第一傑)。 |
| 1933年<br>(昭和8) | 18歲 | ➢ 3月,彰化高女畢業(第十屆),在陳啓川與楊肇嘉擔任保證人下,赴日留學。<br>➢ 4月,入學日本女子體專。<br>➢ 獲「第七屆明治神宮體育大會」女子三級跳遠第一名。 |

| 年代 | 年齡 | 內容 |
|---|---|---|
| 1934年<br>（昭和9） | 19歲 | ➤ 林月雲被推薦為「第四屆國際女子奧運會（倫敦）」候選選手，但在最終選考階段自行辭退。<br>➤ 獲「第二十一屆全日本陸上競技選手權大會」三級跳遠第一名。<br>➤ 當年度日本陸上競技女子100公尺第十傑、三級跳遠第一傑、跳遠第四傑。 |
| 1935年<br>（昭和10） | 20歲 | ➤ 獲「第一屆三區域女子對抗陸上競技會」80公尺跨欄、跳遠雙料冠軍。<br>➤ 當年度日本陸上競技女子100公尺第四傑、跳遠第二傑、80公尺跨欄第一傑。<br>➤ 入選「第十一屆奧運會（柏林）」日本100公尺、80公尺跨欄、400公尺接力第一候選選手。 |
| 1936年<br>（昭和11） | 21歲 | ➤ 3月，日本女子體專畢業。<br>➤ 5月，「奧運最終預選會」林月雲以0.1秒之差敗給三井美代子，與1936年柏林奧運會失之交臂。<br>➤ 當年度日本陸上競技女子80公尺跨欄第二傑。 |
| 1937年<br>（昭和12） | 22歲 | ➤ 入選「第十二屆奧運會（東京）」日本第一候選選手。<br>➤ 獲「第九屆明治神宮體育大會」女子跳遠第二名。 |
| 1938年<br>（昭和13） | 23歲 | ➤ 「斗六女子公學校」任教。<br>➤ 7月，日本放棄「第十二屆奧運會」主辦權。<br>➤ 獲「第三屆三區域女子對抗陸上競技會」跳遠第一名。<br>➤ 當年度日本陸上競技女子80公尺跨欄第四傑、跳遠第四傑。 |
| 1945年<br>（民國35） | 30歲 | ➤ 赴廈門海關工作與時任廈門電臺臺長葉肇卿結識，之後結為連理，搬至廈門古浪嶼。 |
| 1949年<br>（民國38） | 34歲 | ➤ 回臺待產，長女葉明琪出世。 |
| 1951年<br>（民國40） | 36歲 | ➤ 長子葉德淵出世。 |

| 年代 | 年齡 | 內容 |
|---|---|---|
| 1954年<br>（民國43） | 39歲 | ➤ 次男葉文心出世。<br>➤ 省體育會田徑協會發表公認林月雲100公尺12秒5、80公尺跨欄12秒6、跳遠5公尺37、三級跳遠11公尺15之田徑最高紀錄。 |
| 1955年<br>（民國44） | 40歲 | ➤ 中華全國體育協進會田徑委員會正式成立，公布中華民國田徑紀錄：100公尺，12秒5，林月雲（臺中縣）1937年在臺灣大學創造。80公尺跨欄，12秒6，林月雲（日本女子體專）1935年在日本東京市創造。跳遠，5公尺39，林月雲（臺灣）1937年在日本東京市創造。 |
| 1956年<br>（民國45） | 41歲 | ➤ 8月，彰化高商任教。<br>➤ 擔任省運會（臺中市）跳部裁判。 |
| 1957年<br>（民國46） | 42歲 | ➤ 擔任省運會（臺北市）跳部裁判。 |
| 1958年<br>（民國47） | 43歲 | ➤ 擔任省運會（臺中市）跳部裁判。 |
| 1960年<br>（民國49） | 45歲 | ➤ 擔任省運會（臺中市）跳部裁判。<br>➤ 林昭代打破由林月雲保持23年的跳遠紀錄。 |
| 1961年<br>（民國50） | 46歲 | ➤ 擔任省運會（高雄市）跳部裁判。 |
| 1962年<br>（民國51） | 47歲 | ➤ 擔任省運會（臺中市）跳部裁判。 |
| 1963年<br>（民國52） | 48歲 | ➤ 擔任省運會（新竹縣）跳部裁判。 |
| 1964年<br>（民國53） | 49歲 | ➤ 擔任省運會（臺中市）跳部裁判。 |
| 1965年<br>（民國54） | 50歲 | ➤ 擔任省運會（臺中市）跳部裁判。 |
| 1966年<br>（民國55） | 51歲 | ➤ 擔任省運會（屏東縣）跳部裁判。<br>➤ 紀政打破由林月雲保持29年的100公尺紀錄。 |

| 年代 | 年齡 | 內容 |
|---|---|---|
| 1967年<br>（民國56） | 52歲 | ➤ 擔任省運會（臺中市）跳部裁判。 |
| 1979年<br>（民國68） | 64歲 | ➤ 6月，獲中華田協表揚，頒贈田徑紀念獎（繼高何土、張星賢、陳英郎，第四位獲獎）。 |
| 1980年<br>（民國69） | 65歲 | ➤ 2月，彰化高商退休。 |
| 1985年<br>（民國74） | 70歲 | ➤ 10月，擔任臺灣區運動會會旗旗手。 |
| 1991年<br>（民國80） | 76歲 | ➤ 王惠珍打破林月雲之三級跳遠紀錄（國際田徑總會於1990年將女子三級跳正式列入比賽項目）。 |
| 1992年<br>（民國81） | 77歲 | ➤ 6月19日，與世長辭。 |

資料來源：

《中國時報》。

《運動年鑑》。

《臺灣日日新報》。

《読売新聞》。

《聯合報》。

竹村豐俊編，《臺灣體育史》，臺北：臺灣體育協會，1933。

宮木昌常編，《第七回明治神宮體育大會報告書》，東京：明治神宮體育會，1934。

宮木昌常編，《第八回明治神宮體育大會報告書》，東京：明治神宮體育會，1936。

宮木昌常編，《第六回明治神宮體育大會報告書》，東京：明治神宮體育會，1932。

雷寅雄，《台灣光復後田徑運動發展之研究》，臺北：中華民國田徑協會，1988。

彰化高商，〈人事登記卡〉，彰化：未出版，不詳。

彰化高商，《歷史光澤　彰商一甲子校慶特刊》，彰化：彰化高商，1999。

彰化高等女學校同窓會編，《會誌》，臺中州：彰化高等女學校同窓會，1935。

臺灣新民報社調查部，《臺灣人士鑑》，臺北：臺灣新民報社，1937。

# 附錄二

## 林月雲田徑生涯參賽成績一覽表

| 日期 | | 參加大會名稱 | 地點 | 參賽項目／名次／成績 | 備註 |
|---|---|---|---|---|---|
| 1928／昭和3年 | 02月12日 | 臺中御大典記念全島陸上競技大會 | 臺中市水源地競技場 | 1.50M／第一名／7秒6。<br>2.100M／第一名／14秒8。 | 代表彰化女公 |
| | 06月03日 | 臺中州下年齡別競技會 | 臺中市水源地競技場 | 1.100M／14歲組第一名／14秒4。<br>2.三級跳遠／第一名／9米22。 | 代表彰化高女 |
| 1929／昭和4年 | 09月22-23日 | 第十屆全島陸上競技大會 | | 三級跳遠／第四名／9米34。 | 代表彰化高女 |
| 1931／昭和6年 | 09月26-27日 | 第十二屆全島陸上競技大會 | | 1.100M／第二名／不詳。<br>2.三級跳遠／第一名／10米46。 | 代表彰化高女，100M預賽13秒3，三級跳遠破臺灣女子紀錄，兩項成績皆為1931年度全臺灣陸上競技第一傑。 |

| 日期 | | 參加大會名稱 | 地點 | 參賽項目／名次／成績 | 備註 |
|---|---|---|---|---|---|
| | 11月01-02日 | 第六屆明治神宮體育大會 | 明治神宮外苑競技場 | 三級跳遠／第二名／10米96。 | 代表臺灣，<br>1. 參加100M、200MR、400MR、三級跳遠四項。<br>2. 100M晉級第二預選。<br>3. 創臺灣女子三級跳遠紀錄，成績10米96。 |
| 1932／昭和7年 | 04月29-30日 | 建功神社奉納大會兼奧運臺灣預選會 | 臺北帝大競技場 | 1. 100M／第一名／12秒9。<br>2. 三級跳遠／第一名／11米15。<br>3. 400MR／第二名／54秒4。 | 代表彰化高女，<br>1. 創臺灣女子100M紀錄，成績12秒9（1932年度全臺灣陸上競技第一傑）。<br>2. 創臺灣女子三級跳遠紀錄，成績11米15。（日本紀錄11米16，也於當天由渡邊すみ子以11米43改寫）。 |

| 日期 | 參加大會名稱 | 地點 | 參賽項目／名次／成績 | 備註 |
|---|---|---|---|---|
| 05月28-29日 | 第十九屆全日本陸上競技選手權大會兼第十屆奧運大會全日本預選會 | 明治神宮外苑競技場 | 三級跳遠／第二名／10米66。 | 代表臺灣，林月雲共參加100M、三級跳遠兩項。 |
| 06月18-19日 | 臺中州下陸上競技會 | 臺中市水源地競技場 | 1.100M／第一名／12秒4。<br>2.200MR／第一名／27秒8。<br>3.400MR／第一名／54秒6。<br>4.三級跳遠／第一名／11米51。 | 代表彰化高女，三級跳遠成績，創日本國新紀錄，但因臺中競技場未被日本陸聯承認，故成績僅供參考（1932年度全臺灣陸上競技第一傑）。 |
| 11月13日 | 臺中州下中等學校大會 | 臺中市水源地競技場 | 1.三級跳遠／第一名／11米29。<br>2.跳遠／第一名／4米90。<br>3.400MR／第一名／54秒4。 | 代表彰化高女，此三項為成績為創臺中州中等學校陸上競技大會之紀錄。 |

| 日期 | | 參加大會名稱 | 地點 | 參賽項目／名次／成績 | 備註 |
|---|---|---|---|---|---|
| 1933／昭和8年 | 04月22-23日 | 關東陸上競技選手權大會 | | 三級跳遠／第一名／11米18。 | 代表日本女子體專 |
| | 10月07-08日 | 明治神宮大會兼全日本陸上競技選手權之關東預選會 | | 1.100M／第四名／不詳。<br>2.三級跳遠／第一名／10米45。<br>3.400MR／第一名／55秒2。 | 代表日本女子體專 |
| | 11月01-02日 | 第七屆明治神宮體育大會 | 明治神宮外苑競技場 | 1.三級跳遠／第一名／10米87。<br>2.100M／第四名／不詳。<br>3.400MR／第四名／不詳。 | 代表日本女子體專，<br>1.100M預賽F組／第一名／13秒3。<br>2.100M準決賽B組／第二名／13秒3。<br>3.400MR預賽B組／第一名／52秒8。 |

| 日期 | | 參加大會名稱 | 地點 | 參賽項目／名次／成績 | 備註 |
|---|---|---|---|---|---|
| 1934／昭和9年 | 04月27日 | 第一屆關東女子陸上競技大會 | 明治神宮外苑競技場 | 1.100M／不詳／不詳。<br>2.跳遠／不詳／不詳。 | 代表日本女子體專，參加100M與跳遠，此比賽兼選拔「第四屆國際女子奧運會（倫敦）」，雖林月雲已被推薦為候選選手，但在最終選考階段與同校的石津光惠一同自行辭退。 |
| | 05月27日 | 關東女學校體育聯盟競技大會 | 上井草競技場 | 1.100M／第一名／13秒2。<br>2.跳遠／第一名／5米49。 | 代表日本女子體專 |
| | 10月20-21日 | 第二十一屆全日本陸上競技選手權大會 | 甲子園南運動場 | 1.100M／第三名／不詳。<br>2.三級跳遠／第一名／11米22。 | 代表日本女子體專。 |
| 1935／昭和10年 | 05月04-05日 | 第十一屆關東陸上競技選手權大會 | | 1.100M／第一名／13秒2。<br>2.跳遠／第一名／5米36。<br>3.400MR／第一名／53秒4。 | 代表關東女子體專。 |

| 日期 | 參加大會名稱 | 地點 | 參賽項目／名次／成績 | 備註 |
|---|---|---|---|---|
| 06月<br>30日 | 第一屆三區域（關東、東海、近畿）女子對抗陸上競技會關東預選會 | 東京學習院競技場 | 1.100M／第一名／13秒1。<br>2.80MH／第一名／13秒2。<br>3.400MR／第一名／52秒8。 | 代表日本女子體專 |
| 07月<br>20-21日 | 第一屆三區域（關東、東海、近畿）女子對抗陸上競技會 | 名古屋市鶴舞公園運動場 | 1.100M／第三名／13秒1。<br>2.80MH／第一名／12秒9。<br>3.跳遠／第一名／5米38。<br>4.400MR／第三名／52秒8。 | 代表關東。 |
| 10月<br>12-13日 | 第八屆明治神宮體育大會關東、東京預選賽暨第一屆東京選手權大會 | 目白學院、明治神宮外苑競技場 | 1.100M／第一名／12秒8。<br>2.80MH／第一名／12秒8。<br>3.400M／第一名／52秒5。 | 代表日本女子體專，12日在目白學院、13日在明治神宮外苑競技場。 |
| 11月<br>02-04日 | 第八屆明治神宮體育大會 | 明治神宮外苑競技場 | 1.100M／第二名／12秒9。<br>2.80MH／第二名／12秒7。<br>3.400MR／第二名／51秒9。 | 代表日本女子體專，80MH／準決賽B組第一名／12秒6，此成績為臺灣戰後之全國紀錄。 |

| 日期 | | 參加大會名稱 | 地點 | 參賽項目／名次／成績 | 備註 |
|---|---|---|---|---|---|
| 1936／昭和11年 | 04月05日 | 第一次陸上競技奧運候補選手記錄會 | 東京芝公園 | 1.80M／第一名／10秒6。 2.50MH／第一名／7秒9。 | 代表日本女子體專出（畢業） |
| | 04月12日 | 第二次陸上競技奧運候補選手記錄會 | 東京芝公園 | 1.50MH／第一名／7秒8。 2.80MH／第一名／12秒9。 | 代表日本女子體專出 |
| | 05月23-24日 | 奧運最終預選會 | | 80MH／第二名／12秒9。 | 代表日本女子體專出，以0.1秒之差敗給三井美代子，與1936年柏林奧運會失之交臂。 |
| 1937／昭和12年 | 09月25-26日 | 第十八屆全島陸上競技大會兼第九屆明治神宮臺灣預選會 | 臺北帝大競技場 | 1.100M／第一名／13秒0。 2.跳遠／第一名／5米09。 | 代表臺中支部，100M／預賽A組第一名／12秒5，創臺灣新紀錄，此成績為臺灣戰後之全國紀錄。 |
| | 11月01-03日 | 第九屆明治神宮體育大會 | 明治神宮外苑競技場 | 1.100M／第四名／不詳。 2.跳遠／第二名／5米39。 | 代表臺灣，跳遠成績為臺灣戰後之全國紀錄。 |

| 日期 | | 參加大會名稱 | 地點 | 參賽項目／名次／成績 | 備註 |
|---|---|---|---|---|---|
| 1938／昭和13年 | 08月14日 | 第三屆三區域（關東、東海、近畿）女子對抗陸上競技會 | 名古屋市鶴舞公園運動場 | 1.400MR／第五名／不詳。<br>2.跳遠／第一名／5米18。 | 代表臺灣，100M於預賽時落選。 |
| | 09月24-25日 | 第二十五屆全日本陸上競技選手權大會 | 甲子園南運動場 | 跳遠／第一名／4米69。 | 代表臺南 |
| | 10月08-09日 | 第一屆女子三部對抗陸上競技會 | 明治神宮外苑競技場 | 1.80MH／第三名／13秒5。<br>2.跳遠／第三名／不詳。 | 代表西部 |
| | 11月03日 | 臺南陸上競技大會 | | 1.100M／第一名／13秒8。<br>2.跳遠／第一名／5米26。 | 代表臺南斗六女子公學校，跳遠成績創大會新紀錄。 |

資料來源：
《運動年鑑　昭和7-8、11-14年度》。
《臺灣日日新報》。
《臺灣年鑑》。
《読売新聞》。
山本邦夫，《日本陸上競技史》，東京：道和書院，1979。
竹村豐俊編，《臺灣體育史》，臺北：臺灣體育協會，1933。
宮木昌常編，《第七回明治神宮體育大會報告書》，東京：明治神宮體育會，1934。

宮木昌常編，《第八回明治神宮體育大會報告書》，東京：明治神宮體育會，
　　1936。

宮木昌常編，《第六回明治神宮體育大會報告書》，東京：明治神宮體育會，
　　1932。

雷寅雄，《台灣光復後田徑運動發展之研究》，臺北：中華民國田徑協會，
　　1988。

臺中州教育會編，《臺中州教育年鑑2592年版》，臺中：臺中州教育會，
　　1932。

臺中州教育課編，《臺中州教育展望》，臺中：臺中州教育課，1935。

# 附錄三

## 蕭織田徑生涯參賽成績一覽表

| 日期 | 參加大會名稱 | 地點 | 參賽項目／名次／成績 | 備註 |
|---|---|---|---|---|
| 1931／昭和6年 | 9月26-27日 | 第十二回全島陸上競技大會 | | 1. 800M／第四名／不詳。<br>2. 跳遠／第四名／4公尺80。 | 代表彰化高女，跳遠成績名列1931年度，全臺灣陸上競技第五傑。 |
| | 10月25日 | 臺中州下學年別大會 | 臺中市水源地競技場 | 1. 200M／三年組第一名／28秒5。<br>2. 跳遠／三年組第一名／4公尺77。<br>3. 200MR／三年組第一名／27秒9。<br>4. 400MR／三年組第一名／56秒6。 | 代表彰化高女 |

| 日期 | | 參加大會<br>名稱 | 地點 | 參賽項目／<br>名次／成績 | 備註 |
|---|---|---|---|---|---|
| 1932／<br>昭和7年 | 4月<br>29-30日 | 建功神社<br>奉納大會<br>兼奧運臺<br>灣預選會 | 臺北帝<br>大競技<br>場 | 1. 80MH／第一<br>名／13秒2。<br>2. 200M／第二<br>名／不詳。<br>3. 200MR／第二<br>名／26秒6。<br>4. 400MR／第二<br>名／54秒4。 | 代表彰化高<br>女，<br>1. 200M於預<br>賽（29日）<br>時與橫口文<br>子皆以27秒<br>4創臺灣紀<br>錄（1932<br>年度，全臺<br>灣陸上競技<br>第二傑）。<br>2. 80MH決賽<br>時（30日）<br>刷新由山口<br>美知保持<br>的13秒6，<br>創臺灣紀錄<br>（1932年<br>度，全臺灣<br>陸上競技第<br>一傑）。<br>3. 1932年，<br>全日本陸上<br>競技200M<br>第二傑、<br>80MH第三<br>傑。 |

| 日期 | 參加大會名稱 | 地點 | 參賽項目／名次／成績 | 備註 |
|---|---|---|---|---|
| 5月28-29日 | 第十九回全日本陸上競技選手權大會兼第十回奧運大會全日本預選會 | 明治神宮外苑競技場 | 1.80MH／第四名／不詳。2.200M／未晉級／不詳。 | 代表臺灣 |
| 6月18-19日 | 臺中州下陸上競技會 | 臺中市水源地競技場 | 1.200M／第一名／28秒6。2.80MH／第一名／13秒8。 | 代表彰化高女 |
| 10月15日 | 第一回全島女子中等學校對抗陸上競技會 | 臺北帝大競技場 | 1.200M／第二名／不詳。2.80MH／第一名／13秒4。 | 代表彰化高女 |
| 10月16-17日 | 第十三回全島陸上競技大會 | | 1.200M／第二名／28秒2。 | 代表彰化高女 |

資料來源：

《臺灣日日新報》。

竹村豐俊編，《臺灣體育史》，臺北：臺灣體育協會，1933。

朝日新聞社編，《運動年鑑昭和8年度》，東京：朝日新聞社，1933。

# 附錄四

## 臺灣體育協會主催各種
## 女子陸上競技會紀錄一覽表
### （僅列臺灣籍女子運動員參賽成績）

| 項目 | 50公尺 | | 100公尺 | | 200公尺 | | 800公尺 | | 80公尺跨欄 | | 200公尺接力 | | 400公尺接力 | | 跳高 | | 跳遠 | | 三級跳 | | 鉛球 | | 鐵餅 | | 標槍 | |
|---|---|---|---|---|---|---|---|---|---|---|---|---|---|---|---|---|---|---|---|---|---|---|---|---|---|---|
| 競賽名稱 | 姓名/名次/單位 | 紀錄 | 姓名/名次/單位 | 紀錄 | 姓名/名次/單位 | 紀錄 | 姓名/名次/單位 | 紀錄 | 姓名/名次/單位 | 紀錄 | 姓名/名次/單位 | 紀錄 | 姓名/名次/單位 | 紀錄 | 姓名/名次/單位 | 紀錄 | 姓名/名次/單位 | 紀錄 | 姓名/名次/單位 | 紀錄 | 姓名/名次/單位 | 紀錄 | 姓名/名次/單位 | 紀錄 | 姓名/名次/單位 | 紀錄 |
| 1 第六屆全島大會 1925年10月11-12日於圓山 | 甘認釵/第一名/彰化女 | 7秒20 | 甘認釵/第二名/彰化女 | | | | | | | | | | | | 黃慧/第一名/彰化女 黃香/第三名/彰化女 | 1公尺30 | | | | | | | | | | |
| 2 第七屆全島大會 1926年9月25日於圓山 | | | | | | | | | | | | | | | | | | | 甘認釵/第三名/彰化女 | | | | | | | |
| 3 第八屆全島大會 1927年9月25日於圓山 | | | | | | | | | | | | | | | | | | | 林悅治/第二名/南二女 | | | | | | | |

| 項目 競賽名稱 | 50公尺 姓名/名次/單位/紀錄 | 100公尺 姓名/名次/單位/紀錄 | 200公尺 姓名/名次/單位/紀錄 | 800公尺 姓名/名次/單位/紀錄 | 80公尺跨欄 姓名/名次/單位/紀錄 | 200公尺接力 姓名/名次/單位/紀錄 | 400公尺接力 姓名/名次/單位/紀錄 | 跳高 姓名/名次/單位/紀錄 | 跳遠 姓名/名次/單位/紀錄 | 三級跳 姓名/名次/單位/紀錄 | 鉛球 姓名/名次/單位/紀錄 | 鐵餅 姓名/名次/單位/紀錄 | 標槍 姓名/名次/單位/紀錄 |
|---|---|---|---|---|---|---|---|---|---|---|---|---|---|
| 4 第九屆萬國奧運會預選大會 1928年4月28-29日於圓山 | | | | | | | | | | | | | |
| 5 建功神社奉納大會 | | | | | | | | | | | | | |
| 6 第九屆全島大會 1928年10月27-28日於圓山 | | | 朱盡/第一名/新竹女/30秒40 | | | | | | | | 顏碧霞/第三名/彰化女/6公尺510 | | |

| 項目/競賽名稱 | 50公尺 姓名/名次/單位/紀錄 | 100公尺 姓名/名次/單位/紀錄 | 200公尺 姓名/名次/單位/紀錄 | 800公尺 姓名/名次/單位/紀錄 | 80公尺跨欄 姓名/名次/單位/紀錄 | 200公尺接力 姓名/名次/單位/紀錄 | 400公尺接力 姓名/名次/單位/紀錄 | 跳高 姓名/名次/單位/紀錄 | 跳遠 姓名/名次/單位/紀錄 | 三級跳 姓名/名次/單位/紀錄 | 鉛球 姓名/名次/單位/紀錄 | 鐵餅 姓名/名次/單位/紀錄 | 標槍 姓名/名次/單位/紀錄 |
|---|---|---|---|---|---|---|---|---|---|---|---|---|---|
| 7 第十屆全島大會 1929年9月22-23日於臺中 | 邱寶雲/第三名/臺南 | | | | | | | | | 陳美/第二名/新竹 女/9公尺88 林月雲/第四名/新竹 女：(按：誤植)/9公尺34 | | | |
| 8 第九屆選東運動會預選賽、建功神社奉納大會 1930年4月26-27日於圓山 | | | | | | | | | | | | 彭悅治/第三名/基女/17公尺57 | |

| 項目<br>競賽名稱 | 50<br>公尺<br>姓名/<br>名次/<br>單位/<br>紀錄 | 100<br>公尺<br>姓名/<br>名次/<br>單位/<br>紀錄 | 200<br>公尺<br>姓名/<br>名次/<br>單位/<br>紀錄 | 800<br>公尺<br>姓名/<br>名次/<br>單位/<br>紀錄 | 80<br>公尺<br>跨欄<br>姓名/<br>名次/<br>單位/<br>紀錄 | 200<br>公尺<br>接力<br>姓名/<br>名次/<br>單位/<br>紀錄 | 400<br>公尺<br>接力<br>姓名/<br>名次/<br>單位/<br>紀錄 | 跳高<br>姓名/<br>名次/<br>單位/<br>紀錄 | 跳遠<br>姓名/<br>名次/<br>單位/<br>紀錄 | 三級跳<br>姓名/<br>名次/<br>單位/<br>紀錄 | 鉛球<br>姓名/<br>名次/<br>單位/<br>紀錄 | 鐵餅<br>姓名/<br>名次/<br>單位/<br>紀錄 | 標槍<br>姓名/<br>名次/<br>單位/<br>紀錄 |
|---|---|---|---|---|---|---|---|---|---|---|---|---|---|
| 9 第十一屆<br>全島大會<br>1930年10<br>月18-19<br>日於帝大 | | | | | | | | | 莊小菜<br>/第一<br>名/臺<br>南支/<br>4公尺<br>57<br>陳碧玉<br>/第三<br>名/北<br>三女/<br>4公尺<br>47 | 陳薔/<br>第二名<br>/新竹<br>女/10<br>公尺03 | 陸肇嬙<br>/第四<br>名/臺<br>南支/<br>7公尺<br>39 | 彭悅治<br>/第三<br>名/臺基<br>女/16<br>公尺76 | |

| 項目 競賽名稱 | 50公尺 姓名／名次／單位／紀錄 | 100公尺 姓名／名次／單位／紀錄 | 200公尺 姓名／名次／單位／紀錄 | 800公尺 姓名／名次／單位／紀錄 | 80公尺跨欄 姓名／名次／單位／紀錄 | 200公尺接力 姓名／名次／單位／紀錄 | 400公尺接力 姓名／名次／單位／紀錄 | 跳高 姓名／名次／單位／紀錄 | 跳遠 姓名／名次／單位／紀錄 | 三級跳 姓名／名次／單位／紀錄 | 鉛球 姓名／名次／單位／紀錄 | 鐵餅 姓名／名次／單位／紀錄 | 標槍 姓名／名次／單位／紀錄 |
|---|---|---|---|---|---|---|---|---|---|---|---|---|---|
| 10 建功神社奉納大會 1931年4月29日 | | | | | | | 高妹、西村節子、內村鶴子、諏訪氏美／第二名／北二女 | | | | | | |
| 11 陸上紀錄會 1931年8月30日 | | | | | | | | | | | 高妹／第一名／北二女／7公尺45 黃碧玉／第二名／北二女 | | 黃妹（按：誤植）／第一名／北二女／19公尺00 |

| 項目 | 競賽名稱 | 50公尺 (姓名／名次／單位／紀錄) | 100公尺 (姓名／名次／單位／紀錄) | 200公尺 (姓名／名次／單位／紀錄) | 800公尺 (姓名／名次／單位／紀錄) | 80公尺跨欄 (姓名／名次／單位／紀錄) | 200公尺接力 (姓名／名次／單位／紀錄) | 400公尺接力 (姓名／名次／單位／紀錄) | 跳高 (姓名／名次／單位／紀錄) | 跳遠 (姓名／名次／單位／紀錄) | 三級跳 (姓名／名次／單位／紀錄) | 鉛球 (姓名／名次／單位／紀錄) | 鐵餅 (姓名／名次／單位／紀錄) | 標槍 (姓名／名次／單位／紀錄) |
|---|---|---|---|---|---|---|---|---|---|---|---|---|---|---|
| 12 | 第十二回全島大會 1931年9月26-27日 | 林月雲／第二名／彰女；高妺／第四名／二女 | | | 蕭織／第四名／彰女 | | | | | 蕭織／第四名／彰化女／4公尺80 | 林月雲／第一名／彰化女／10公尺46 | 簡膾／第一名／彰化女／7公尺89 | 曾壁嬌／第二名／彰化女／24公尺48 | 簡膾／第二名／彰化女／27公尺92 |
| 13 | 建功神社奉納大會 1932年4月29-30日 | | 林月雲／第一名／彰女／12秒90 | 蕭織／第二名／彰女；廖貴雲／第四名／彰女 | 廖雲英／第一名／彰女／3分39秒00 | 蕭織／第一名／彰女／13秒20 | 蕭織、廖雲英、白鳥ス、林月雲／第二名／彰女／26秒60 | 白鳥ス、廖貴雲、蕭織、林月雲／第二名／彰／54秒40 | 張娥／第四名／彰化女／1公尺20 | | 林月雲／第一名／彰化女／11公尺15 | 簡膾／第一名／彰化女／8公尺68 | | 簡膾／第一名／彰化女／28公尺94 |

| 項目<br>競賽名稱 | 50公尺<br>姓名/名次/單位/紀錄 | 100公尺<br>姓名/名次/單位/紀錄 | 200公尺<br>姓名/名次/單位/紀錄 | 800公尺<br>姓名/名次/單位/紀錄 | 80公尺跨欄<br>姓名/名次/單位/紀錄 | 200公尺接力<br>姓名/名次/單位/紀錄 | 400公尺接力<br>姓名/名次/單位/紀錄 | 跳高<br>姓名/名次/單位/紀錄 | 跳遠<br>姓名/名次/單位/紀錄 | 三級跳<br>姓名/名次/單位/紀錄 | 鉛球<br>姓名/名次/單位/紀錄 | 鐵餅<br>姓名/名次/單位/紀錄 | 標槍<br>姓名/名次/單位/紀錄 |
|---|---|---|---|---|---|---|---|---|---|---|---|---|---|
| 14<br>第十三屆全島大會<br>1932年10月16-17日 | 高妹/第四名/北一女 | 蕭織/第二名/彰女/28秒20 | | | | | | | | | 江金鳳/第一名/彰化女/8公尺02<br>高妹/第四名/北一女/7公尺55 | 江金鳳/第一名/彰化女/28公尺33 | 黃碧玉/第二名/北二女/26公尺69 |

備註

| | |
|---|---|
| 1 | 參加人員：在臺日本人19名、臺灣人0（按：誤植，實際上已有數名臺灣籍女子運動員參賽）。 |
| 2 | 兼神宮預選賽：泊イト（南二女）參加50公尺、三級跳，但兩項目皆在神宮預賽中遭淘汰。 |
| 3 | 兼神宮預選賽：中野ユキ（北一女）參加跳高，以1公尺39優得優勝；法水澄子參加50公尺、100公尺於預賽中遭淘汰。 |
| 4 | |

| 序號 | 分類 | 選手 | 項目 | 成績 | 備註 |
|---|---|---|---|---|---|
| 5 | 舉辦女子籃球及排球賽 | | 籃球賽：北一女41比4基女　排球賽：北一女21比5、21比1基女 | | 兩項皆為北一女勝出 |
| 6 | | 木崎幸子 | | 自費 | 中野ユキ工跳高獲得第二名 |
| | | 宮川千代子 | | | 皆未獲獎 |
| | | 中田加壽子 | | | |
| 7 | 兼神宮預選賽　神宮派遣選手 | 山口美知（基女） | 100公尺、跳遠皆未獲獎 | | |
| | | 上信多賀子（南一女） | 跨欄以15秒10獲得第四名 | | |
| | | 内村貞（北一女） | 200公尺獲得第四名 | | |
| | | 法水澄子（北一女） | 100公尺失格 | | |
| | | 西村啟子（基女） | 跳遠蹲倡最佳但未能闖入決賽 | | |
| 8 | | | | | |
| 9 | | | | | |
| 10 | | | | | |
| 11 | | | | | |
| 12 | 兼神宮預選賽　神宮派遣選手 | 林月雲（彰化女） | 三級跳遠 | 10公尺96 | 第三名（按：誤植，應為第二名） |
| | | 宮川千代子（基女） | 標槍 | 28公尺78 | 第三名 |
| | | 内藤中子（臺中女） | 800公尺 | 2分37秒60 | 第二名 |
| | | 山口美知（基女） | 80公尺跨欄 | | 第三名（預賽13秒6） |
| | | 市川ミツ | 800公尺預賽 | 2分40秒60 | |
| | | 内村貞 | | 2分41秒00 | 全部打破日本紀錄 |
| | | 内藤中子 | | 2分38秒60 | |

| | | | | 備註 |
|---|---|---|---|---|
| | 其他 | 末岡俊子（南一女） | 三級跳遠、跳高 | |
| | | 熊合保銳（高雄女） | 跳遠、200公尺 | |
| | | 高松芳子（臺中女） | 跳高 | 皆未獲獎 |
| | | 田口富代子（臺中女） | 鐵餅、鉛球 | |
| | | 鶴田靜枝 | 跳遠 | |
| 13 | | | | |
| 14 | | | | |

# 附錄五

## 1930年代彰化高女相關照片

■ 圖5-1：1930年代，彰化高女田徑隊獲獎後與師長們合影（蕭織、右四；林月雲、右五）。

■ 圖5-2：1930年代，彰化高女田徑隊獲獎後與師長們合影（蕭織、左二；林月雲、左三）。

■ 圖5-3：1930年代，蕭織（左）與彰化高女田徑隊隊友合影。

■ 圖5-4：1930年代，彰化高女田徑隊隊友合影。

▌圖5-5：1930年代，蕭織（前排右一）與彰化高女同學合影。

▌圖5-6：1930年代，彰化高女於校園合影（蕭織，後排右一）。

▌圖5-7：1930年代，彰化高女於校園合影（蕭織，後排左三）。

▌圖5-8：1930年代，彰化高女於校園合影。

▌圖5-9：1930年代，彰化高女至臺北帝大修學旅行。

▌圖5-10：1930年代，彰化高女修學旅行（一）。

　日本時代臺灣運動員的奧運夢：林月雲的三挑戰與解開裹腳布的女子運動競技

▌圖5-11：1930年代，彰化高女修學旅行（二）。

▌圖5-12：1930年代，彰化高女修學旅行（三）。

▌圖5-13：1930年代，彰化高女修學旅行（四）。

▌圖5-14：1930年代，彰化高女修學旅行（五），林月雲（第一排右二）。

▌圖5-15：1930年代，彰化高女修學旅行（六）。

# 附錄六
## 1931年「第六屆明治神宮體育大會」相關照片

▌圖6-1：1931年「第六屆明治神宮體育大會」選手進場。

▌圖6-2：1931年「第六屆明治神宮體育大會」開幕典禮（一）。

▌圖6-3：1931年「第六屆明治神宮體育大會」開幕典禮（二）。

▌圖6-4：1931年「第六屆明治神宮體育大會」開幕典禮（三）。

▌圖6-5：1931年「第六屆明治神宮體育大會」表演活動（一）。

■ 圖6-6：1931年「第六屆明治神宮體育大會」表演活動（二）。

■ 圖6-7：1931年「第六屆明治神宮體育大會」比賽獎盃。

▌圖6-8：1931年「第六屆明治神宮體育大會」臺灣女子代表選手
　熊谷保銳（高雄高女）跳遠。

▌圖6-9：1931年「第六屆明治神宮體育大會」女子跳遠（一）。

▌圖6-10：1931年「第六屆明治神宮體育大會」女子跳遠（二）。

▌圖6-11：1931年「第六屆明治神宮體育大會」臺灣女子代表選手
　三級跳遠（一）。

■ 圖6-12：1931年「第六屆明治神宮體育大會」臺灣女子代表選手
　三級跳遠（二）。

■ 圖6-13：1931年「第六屆明治神宮體育大會」臺灣女子代表選手
　宮川千代子（基隆高女）三級跳遠。

▌圖6-14：1931年「第六屆明治神宮體育大會」臺灣女子代表選手
宮川千代子（基隆高女）標槍（一）。

▌圖6-15：1931年「第六屆明治神宮體育大會」臺灣女子代表選手
宮川千代子（基隆高女）標槍（二）。

▌ 圖6-16：1931年「第六屆明治神宮體育大會」臺灣女子代表選手
　　田口喜代子（臺中高女）鉛球。

▌ 圖6-17：1931年「第六屆明治神宮體育大會」女子八百公尺
　　（一）。

▎圖6-18：1931年「第六屆明治神宮體育大會」女子八百公尺
（二）。

▎圖6-19：1931年「第六屆明治神宮體育大會」女子八十公尺跨
欄。

▌圖6-20：1931年「第六屆明治神宮體育大會」臺灣女子代表選
手。

▌圖6-21：1931年「第六屆明治神宮體育大會」臺灣男子代表選
手。

▌圖6-22：1931年「第六屆明治神宮體育大會」男子跳遠（一）。

▌圖6-23：1931年「第六屆明治神宮體育大會」男子跳遠（二）。

▌圖6-24：1931年「第六屆明治神宮體育大會」男子鐵餅（一）。

▌圖6-25：1931年「第六屆明治神宮體育大會」男子鐵餅（二）。

▌圖6-26：1931年「第六屆明治神宮體育大會」男子鐵餅（三）。

▌圖6-27：1931年「第六屆明治神宮體育大會」男子鐵餅（四）。

▎圖6-28：1931年「第六屆明治神宮體育大會」男子短跑競賽
（一）。

▎圖6-29：1931年「第六屆明治神宮體育大會」男子接力競賽。

▌圖6-30：1931年「第六屆明治神宮體育大會」男子短跑競賽
　　（二）。

▌圖6-31：1931年「第六屆明治神宮體育大會」男子障礙賽。

▍圖6-32：1931年「第六屆明治神宮體育大會」男子撐竿跳高。

▍圖6-33：1931年「第六屆明治神宮體育大會」男子跨欄。

▋圖6-34：1931年「第六屆明治神宮體育大會」裁判合照（一）。

▋圖6-35：1931年「第六屆明治神宮體育大會」裁判合照（二）。

# 出版後記

　　本書得以順利出版，首先要感謝陳啟川先生文教基金會認同保存臺灣體育運動文史的重要性，並給予出版經費上的大力支持與協助。其次，也要向多年來在從事鑽研臺灣女子體育運動史過程中，對我有諸多提攜指導的臺、日師長與好友們致謝，才得以讓此歷經積壓十多年的文稿付梓成書。

　　本書在蒐集、整理、編輯文獻史料與訪談等的過程中，謝謝十三年前陪我一同去臺中、彰化尋找林月雲足跡的女友佳青（金太太），還有陳永茂先生、林憲興先生、村山茂代教授、宋一鴻先生、林家煜先生等人不厭其煩聆聽我的問題，並熱心協助翻閱尋找相關照片、獎牌和文獻史料；而在國立高雄師範大學體育運動史研究室（金門）裡苦讀的賴昱燕、施仕倫、林承頡、余育華、謝榕陞、陳重伝等學生們，則是幫忙彙整訪談資料、掃描圖檔、翻拍照片，有時候甚至還必須忍受我的固執想法與傾聽我的胡亂抱怨；美術學系謝子晴同學則是專門負責幫忙修整、著色、轉繪書中圖片，在此衷心感謝。另外，感謝教育部體育署、國立臺南大學「體育運動文物盤點計畫」、國立臺灣藝術大學「體育運動文化數位典藏計畫」等團隊的支持協助，讓本書的照片圖檔及體育文物數位化都能以專業規格呈現。在此必須特別感謝張原豪，他總是能夠使命必

達，陪我上山下海，前往各地進行地毯式搜索任何的蛛絲馬跡，甚至還能幫忙撰寫「蕭織」、「三井美代子」等的草稿，以及不厭其煩地一直校稿，著實令我敬佩他的專業精神和事事圓融的處事態度。

當然，一直在背後默默支持我的父母、佳青、澤凜、澤澄，總是能體諒我忙於撰書、工作、研究、教學等的壓力。在深受疫情影響的現在，每當我還要出門前往研究室時，孩子們常常問我：「爸爸又在寫什麼書啦！什麼時候會寫完，回家陪我們玩？林月雲是誰啊？」等問題時，我依舊僅能苦笑，說著馬上就回來等的搪塞話語，真的希望能夠在他們長大後，跟孩子們述說著有關日本時代臺灣女子運動員——林月雲用盡一切心力三次挑戰奧運會的故事，以及為尋訪這段臺灣女子體育運動史，而跨越日本、臺灣兩地的種種過程。

最後，本書重點參考〈日本統治初期（1895-1906年）台湾における纏足と女子学校体育に關する研究〉、〈日治初期台灣學校女子體育的摸索與建立〉、〈全島陸上競技大會〉、*Foot Binding and Physical Education: the development of female Physical Education in Taiwan schools during the early years of Japanese rule (1895-1915)*、〈邁向天然足世代下的臺灣學校女子體育～以1916年〈體操科教授要目取調委員報告書〉為中心～〉、〈天然足世代的興起：臺灣女子體育運動的歷史新頁（1915~1928年）〉、〈日治時期臺灣學校女子體育補遺（1895-1945年）〉、《纏足から天然足へ－日本統治前期台湾の学校女子体育》、〈臺灣女性運動員的先驅——林月雲〉等文，在

此也一併向中華民國體育學會、臺灣身體文化學會、臺灣體育運動
史學會等致謝。

# 參考文獻

## 一、中、日、西文專書

Archibald Little, *In the Land of the Blue Gown[China]*, London: T. Fisher Unwin, 1902.

Dorothy Ko, *Cinderella's sisters: A Revisionist History of Footbinding*, California: University of California Press, 2005.

Edward A. Ross, *The Changing Chinese: the conflict of Oriental and Western cultures in China*, New York: The Century Co., 1920.

Kirsten Götz-Neumann著，《観察による歩行分析（*Gehen verstehen Ganganalyse in der Physiotherapie*）》（月城慶一、山本澄子、江原義弘、盆子原秀三譯），東京：医書院，2006。

ロベルト・L・ヶルチェターニ（Robert L. Quercetani）著，《近代陸上競技の歴史 1860-1991誕生から現代まで〈男女別〉（*Athletics: A History of Modern Track and Field Athletes, 1860-1990, Men and Women*）》，（日本陸上競技連盟譯），東京：ベースボール・マガジン社，1992。

女性体育史研究会，《近代日本女性体育史―女性体育のパイオニアたち―》，東京：日本体育社，1981。

小野正雄編，《創立滿三十年記念誌》，臺北：第三高等女學校同窓會學友會，1928。

山本邦夫，《日本陸上競技史》，東京：道和書院，1979。

井出季和太，《臺灣治績志》，臺北：臺灣日日新報社，1937。

井谷惠子、飯田貴子編，《スポーツ・ジェンダー学へ招待》，東京：明石書店，2004。

今村嘉雄，《新修体育大辞書》，東京：不昧堂，1976。

片岡巖，《臺灣風俗誌》，臺北：臺灣日日新報社，1921。

永田重隆，《臺灣體育之理論及實際研究》，臺北：臺美堂，1927。

伊藤るり、坂元ひろ子等編，《モダンガールと植民地的近代》，東京：岩波
　　書店，2010。

早川喜代須，《體育の特殊的指導と實際》，臺中市：棚邊書店，1937。

竹中信子，《植民地台湾の日本女性生活史　大正編》，東京：田畑書店，
　　1996。

竹村豐俊編，《臺灣體育史》，臺北：財團法人臺灣體育協會，1933。

吳文星，《日治時期臺灣的社會領導階層》，臺北：五南，2008。

赤星義雄，《臺灣の奇習》，臺北：財界之日本臺灣總支社，1935。

岸野雄三編，《近代体育スポーツ年表》，東京：大修館，1994。

武內貞義，《臺灣》，臺北：新高堂書店，1927。

芝原仙雄編，《臺北師範學校創立三十周年記念誌》，臺北：編者，1926。

近代アジア教育史研究会編，《近代日本のアジア教育認識　資料編第42
　　卷》，東京：龍溪書舍，2004。

金湘斌，《日本時代臺灣運動員的奧運夢——陳啟川的初挑戰》，臺北：秀威，
　　2020。

阿倫・古特曼（Allen Guttmann）著，《婦女體育史（*Women's Sports: A History*）》，
　　（徐元民譯），臺北：師大書苑，2002。

阿倫・古特曼（Allen Guttmann）著，《現代奧運史（*The Olympics: A History of the
　　Modern Games*）》，（徐元民譯），臺北：師大書苑，2001。

柯基生，《金蓮小腳：千年纏足與中國性文化》，臺北：獨立作家，2013。

洪郁如，《近代台湾女性史　日本の植民統治と「新女性」の誕生》，臺北：
　　勁草書房，2002。

宮木昌常編，《第六回明治神宮體育大會報告書》，東京：明治神宮體育會，
　　1932。

宮木昌常編，《第七回明治神宮體育大會報告書》，東京：明治神宮體育會，
　　1934。

宮木昌常編，《第八回明治神宮體育大會報告書》，東京：明治神宮體育會，
　　1936。

高彥頤（Dorothy Ko）著，《纏足：「金蓮崇拜」盛極而衰的演變（Cinderella's
　　sisters: A Revisionist History of Footbinding）》（苗延威譯），北縣：左岸文化，
　　2007。

高洪興，《纏足史》，臺北：華成圖書，2004。

高新傳，《淒豔的歲月：中國古代婦女的非正常生活》，鄭州：河南人民出版
　　社，2006。

高橋一郎，〈女性の身体のイメージ近代化〉，《ブルマーの社会史　女子体
　　育へのまなざし》，東京：青弓社，2005。

張星賢，《我的體育生活　張星賢日記及書信》（鳳氣至純平等譯），臺南
　　市：國立臺灣歷史博物館，2020。

張星賢，《我的體育生活　張星賢回憶錄》（鳳氣至純平等譯），臺南市：國
　　立臺灣歷史博物館，2020。

張星賢，《慾望、理想、人生——談我五十餘年的運動生涯》，臺北：中華民
　　國田徑協會，1981。

陳姃湲，《東アジアの良妻賢母論―創られた伝統》，東京：勁草書房，
　　2006。

勝場勝子、村山茂代，《二階堂を巣立った娘たち―戦前オリンピック選手編
　　―》，東京：不昧堂，2013。

朝日新聞社編，《運動年鑑　昭和7-8、11-14年度》，東京：朝日新聞社，
　　1932-1933、1936-1939。

雷寅雄，《台灣光復後田徑運動發展之研究》，臺北：中華民國田徑協會，
　　1988。

彰化女子公學校，《創立二十周年記念誌》，彰化：彰化女子公學校，1937。

彰化高商，《歷史光澤　彰商一甲子校慶特刊》，彰化：彰化高商，1999。

彰化高等女學校同窓會編，《會誌》，臺中州：彰化高等女學校同窓會，
　　1935。

臺灣教育會編，《臺灣教育沿革誌》，臺北：臺灣教育會，1939。

臺灣新民報社調查部，《臺灣人士鑑》，臺北：臺灣新民報社，1937。

遠滕所六，《臺中市史》，臺中：臺灣新聞社，1934。

橋本一夫，《幻の東京オリンピック》，東京：日本放送出版協會，1994。

齋藤宏編，《運動學》，東京：医歯薬出版株式會社，2006。

織田幹雄，《陸上競技百年》，東京：時事通信社，1966。

## 二、學位論文

金湘斌，〈日治初期臺灣初等學校運動會之歷史考察（1895～1911）〉，臺北：國立臺灣師範大學體育學系碩士論文，2007。

金湘斌，〈纏足から天然足へ：日本統治前期（1895～1925年）台湾における学校女子体育に關する研究〉，金沢：金沢大学人間社会環境研究科博士論文，2013。

游鑑明，〈日據時期台灣的女子教育〉，臺北：國立臺灣師範大學歷史研究所碩士論文，1987。

## 三、期刊、雜誌

〈女子體育講習會〉，《臺灣教育會雜誌》，279（臺北，1925.9）：63-69。

〈公學校兒童の辮髮及び纏足に就きて〉，《臺灣教育》，152（臺北，1914.12）：36。

〈本島婦人の纏足と其歷史〉，《臺灣始政紀念號第七號》，岩崎緊治編（臺北：臺灣雜誌社，1911），64-65。

〈本會主催女子體育講習會〉，《臺灣教育》，279（臺北，1925.9）：6-9。

〈通信彙報篇〉，《臺灣教育》，155（臺北，1915.03）：63-66。

〈臺灣公學校規則改正せらる〉，《臺灣教育》，128（臺北，1912.12）：1-17。

〈臺灣婦人の纏足〉，《臺灣協會會報》，19（臺北，1900.04）：50-53。

石渡榮吉，〈本島人同化ノ趨勢（一）〉，《臺灣統計協會會報》，123（臺北，1916.04）。

石塚長臣，〈女子スポーツとしての陸上競技〉，《臺灣婦人界》，4.8（臺北，1937.08）：2-9。

竹村豐俊，〈臺灣の陸上競技界〉，《臺灣時報》，（臺北，1933.04）：130-135。

西岡英夫，〈臺灣人女學生の寄宿舍生—艋舺附屬女學校の學寮見聞記—〉，《臺灣教育會雜誌》，170（臺北，1916.8）：46-51。

岡部松五郎，〈本島婦人に寄せる（二）〉，《社會事業の友》，96（臺北，1936.11）：54-62。

林玫君，〈身體的競逐與身份的游移——臺灣首位奧運選手張星賢的身份認同之形塑與其糾葛〉，《思與言》，47.1（臺北，2009.03）：127-214。

林維紅，〈清季的婦女不纏足運動〉，《臺大歷史學報》，16（臺北，1991.08）：139-180。

邱振成，〈論婦人纏足與國家經濟之攸關〉，《臺灣農事報》，36（臺北：1909.11）：77-79。

金湘斌，〈日治初期（1895-1906年）臺灣學校女子體育的摸索與建立〉，《師大臺灣史學報》，4（臺北市，2011.09）：161-201。

金湘斌，〈全島陸上競技大會〉，《臺灣學通訊》，77（臺北，2013.09）：16-17。

金湘斌、徐元民，〈臺灣女性運動員的先驅——林月雲〉，《臺灣體育百年人物誌　第四輯》，張素珠編，臺北：臺灣身體文化學會，2009，90-127。

金關丈夫，〈臺灣に於ける人骨鑑定上の特殊事例〉，《臺灣警察時報》，291（臺北，1940.02）：2-14。

洪宜嫃，〈《萬國公報》對清末戒纏足運動的提倡〉，《政大史粹》，8（臺北，2005.06）：1-34　。

差不多翁，〈纏足〉，《臺灣土語叢誌》，4（臺北，1900.05）：10-15。

游鑑明，〈日治時期臺灣學校女子體育的發展〉，《中央研究院近代史研究所集刊》，33（臺北，2000.6）：1-75。

濱崎傳造，〈新案遊戲〉，《臺灣教育會雜誌》，59（臺北，1907.02）：18-21。

濱崎傳造，〈臺灣公學校體操法（承前）〉，《臺灣教育會雜誌》，64（臺

北，1907.07）：9-20。

藤黑總左衛門，〈三十年前の女子教育〉，《臺灣教育》，391（臺北，1934.12）：70-75。


## 四、公部門出版品、刊物

〈生徒募集〉，《臺灣總督府報》，1919年12月24日，2002號。

〈生徒募集〉，《臺灣總督府報》，1927年2月26日，44號。

〈臺北廳普通體操改定報告ノ件〉，《臺灣總督府公文類纂》，1908年永久保存第二十一卷。

〈體操科教授要目取調委員設置〉，《臺灣總督府公文類纂》，1914年12月1日永久保存第四十一卷。

〈體操科教授要目取調委員報告書〉，《臺灣總督府公文類纂》，1916年1月1日十五年保存第三十卷。

臺中州教育會編，《臺中州教育年鑑2592年版》，臺中：臺中州教育會，1932。

臺中州教育課編，《臺中州教育展望》，臺中：臺中州教育課，1935。

臺北師範學校附屬公學校，〈體操科教授細目〉，臺北師範學校附屬公學校編《公學校教授細目上篇》，臺北：不明，1921。

臺北師範學校附屬公學校研究部，《國語讀方科體操科　教授に關する研究》，臺北：臺灣子供世界社，1925。

臺北廳總務課編，《臺北廳第一統計書》，臺北：臺北廳總務課，1907。

臺灣總督府，《臺灣教科用書國民讀本第九卷》，臺北：作者，1912。

臺灣總督府，《學校體操教授要目》，臺北：臺灣總督府，1927。

臺灣總督府內務局學務課，《[大正六年四月]臺灣總督府學校生徒及兒童身體檢查統計書》，出版地不詳：臺灣總督府內務局學務課，1919。

臺灣總督府史料編纂會編，〈大稻埕ノ醫生黃玉階天然足會ヲ設立ス〉，《臺灣史料稿本明治三十三年二月是月》，臺北：臺灣總督府史料編纂會，1900。

臺灣總督府民政部學務部學務課編，《臺灣總督府學事年報》，臺北：臺灣總督府民政部學務部學務課，1912。

臺灣總督府官房統計課，《臺灣各種學校生徒及兒童發育統計（明治四十三年四月調查）》，臺北：臺灣總督府，1913。

臨時臺灣戶口調查部，《臨時臺灣戶口調查結果表》，臺北：作者，1908。

## 五、新聞報章

《民生報》

《漢文臺灣日日新報》

《臺灣日日新報》

《臺灣時報》

《読売新聞》

《聯合報》

## 六、網路資源、其他

FaceBook，〈謝仕淵〉，<https://www.facebook.com/aian.hsieh>。

Olympics，<https://olympics.com/en/>。

村山茂代訪談紀錄，訪談者金湘斌，2011.6.1日本女子體育大學圖書館二樓館長室。

林憲興（蕭織三男），面訪，臺東市林宅客廳。2016年5月1日。訪談人為金湘斌，國立高雄師範大學體育學系副教授。

金湘斌，〈追夢奧運～臺灣第一代女飛人林月雲的競技人生～〉，以海報發表於2011年身體文化學會研討會，彰化，2011。

陳永茂（林月雲女婿）訪談紀錄，訪談者金湘斌，2007.12.8臺中葉明琪家樓下大廳。

維基百科，〈沖田芳夫〉，<http://ja.wikipedia.org/wiki/>。

# 圖片來源

圖1／作者請專人轉繪自臺灣新民報社調查部，《臺灣人士鑑》（臺北：臺灣
新民報社，193），445。

圖2、3、4、5、6、7、8、9、10、11、12、13、18、20、21、22、24、26、27、
28、29、30、5-1、5-2、5-3、5-4、5-5、5-6、5-7、5-8、5-9、5-10、5-11、
5-12、5-13、5-14、5-15／原持有人為彰化高女蕭織小姐，林家煜先生提
供，作者請專人重新著色修圖。

圖14、15、16、6-1、6-2、6-3、6-4、6-5、6-6、6-7、6-8、6-9、6-10、6-11、
6-12、6-13、6-14、6-15、6-16、6-17、6-18、6-19、6-20、6-21、6-22、
6-23、6-24、6-25、6-26、6-27、6-28、6-29、6-30、6-31、6-32、6-33、
6-34、6-35／陳啟川先生攝，陳啟川先生文教基金會提供，作者請專人重
新著色。

圖17／作者請專人修改自〈臺灣代表選手として　月雲孃を推薦に決定　全日
本オリムピック豫選會に〉，《臺灣日日新報》，1932年5月11日，02版。

圖19／作者請專人修改自〈全日本豫選會に　蕭氏織孃も出場　月雲孃と同
行して　十七日ごろ征途に上らん〉，《臺灣日日新報》，1932年5月14
日，07版。

圖23／作者請專人修改自〈けふ征途につく林、蕭の兩選手〉，《臺灣日日新
報》，1932年5月17日，07版。

圖25／作者請專人修改自〈林氏月雲孃（彰化）が日本記錄を破る〉，《臺灣
日日新報》，1932年6月20日，07版。

圖31／作者請專人修改自〈女子體專へ志す　數多の名花〉，《読売新聞》，
1933年2月23日，05版。

圖32、34、35、36／作者藏書並請專人重新著色自本電報通信社，《第七回

明治神宮體育大會寫真帖》（東京：日本電報通信社，1934），3-4、62-63。

圖33、38、44／作者收藏品。

圖37／作者請專人修改自宮木昌常編，《第八回明治神宮體育大會報告書》（東京：明治神宮體育會，1936），447。

圖39／日本女子體育大學村山茂代教授提供，作者請專人修改自日本女子體育專門學校，《卒業アルバム》（東京：同作者，1936），不詳。

圖40／日本女子體育大學村山茂代教授提供，作者請專人轉繪自〈女子陸上〉，《アサヒスポーツ》，1936年4月1日。

圖41／日本女子體育大學村山茂代教授提供，作者請專人修改自《アサヒスポーツ》，1936年6月1日。

圖42／作者請專人修改自〈秋空を截る〉，《臺灣日日新報》，1937年9月26日，08版。

圖43／作者請專人轉繪自〈スポーツ〉，《臺灣日日新報》，1937年10月8日，08版。

圖45／作者請專人修改自〈女子陸上代表　合宿して猛練習〉，《臺灣日日新報》，1937年7月30日，08版。

圖46／作者請專人修改自〈女子臺灣陸上　代表けふ出發〉，《臺灣日日新報》，1938年8月3日，08版。

圖47／作者請專人轉繪自〈寫真上は林氏月雲〉，《臺灣日日新報》，1938年8月16日，08版。

圖48／林月雲致陳啟川書信的剪報，陳啟川先生文教基金會提供，作者請專人重新修改。

圖49／作者請專人轉繪自差不多翁，〈纏足〉，《臺灣土語叢誌》，4（臺北，1900.05）：13-15。

圖50／作者請專人轉繪自臺灣教育會編，《臺灣教育沿革誌》（臺北：作者，1939）。

圖51／作者請專人轉繪自井出季和太，《臺灣治績志》（臺北：臺灣日日新報社，1937），338。

圖52／作者請專人轉繪自濱崎傳造，〈新案遊戲〉，《臺灣教育會雜誌》，59（臺北，1907.02）：19-20。

圖53／作者請專人轉繪自濱崎傳造，〈臺灣公學校體操法（承前）〉，《臺灣教育會雜誌》，64（臺北，1907.07）：13。

圖54／作者請專人轉繪自〈臺北廳普通體操改定報告ノ件〉，1908年永久保存第二十一卷。

圖55／作者請專人修改自〈本島女生徒の運動〉，《臺灣日日新報》，1908年12月12日，05版。

圖56／作者請專人修改自〈臺北市內九公學校の聯合大運動會〉，《臺灣日日新報》，1921年10月24日，05版。

圖57／作者請專人修改自〈臺灣で初ての 女子庭球仕合 廿二日南北兩高女校が〉，《臺灣日日新報》，1923年10月24日，07版。

圖58／作者請專人修改自〈運動と競技／嘉義高女の水泳記錄〉，《臺灣日日新報》，1924年10月14日，02版。

圖59／作者請專人修改自〈第三高女內臺人女生和睦庭球會〉，《臺灣日日新報》，1926年5月6日，04版。

圖60／作者請專人修改自〈本島の女子體育に新生面を開く 女子體育講習會の發會式〉，《臺灣日日新報》，1925年8月12日，02版（上圖）；〈女子體育講習會（第二日） 講習員も若返つて ピアノに伴て律動する〉，《臺灣日日新報》，1925年8月13日，05版（左下圖）；〈女子體育講習會 来る二十日終了の予定〉，《臺灣日日新報》，1925年8月15日，05版（右下圖）。

圖61、62／作者請專人修改自〈本會主催女子體育講習會〉，《臺灣教育》，279（臺北，1925.9）：卷頭。

圖63／作者請專人修改自〈人見女史の活躍振〉，《臺灣日日新報》，1925年8月12日，05版。

圖64／作者請專人修改自〈男？女？關東陸上競技選手權大會の女流選手〉，《臺灣日日新報》，1926年5月10日，02版。

圖65／原持有人為郭拔芳，郭文雄（Danny Kuo）先生提供。

圖66／作者請專人修改自〈女子の走高飛〉，《臺灣日日新報》，1925年10月13日，02版。

圖67／作者請專人修改自〈女子四百米リレーのスタート〉，《臺灣日日新報》，1925年10月13日，02版。

圖68／作者請專人修改自〈女子五十米決勝〉，《臺灣日日新報》，1925年10月12日，03版。

史地傳記類　PC1025　讀歷史137

# 日本時代臺灣運動員的奧運夢：
## 林月雲的三挑戰與解開裹腳布的女子運動競技

作　　　者／金湘斌
責任編輯／尹懷君
圖文排版／楊家齊
封面設計／劉肇昇

發　行　人／宋政坤
法律顧問／毛國樑　律師
出版發行／秀威資訊科技股份有限公司
　　　　　114台北市內湖區瑞光路76巷65號1樓
　　　　　電話：+886-2-2796-3638　傳真：+886-2-2796-1377
　　　　　http://www.showwe.com.tw
劃撥帳號／19563868　戶名：秀威資訊科技股份有限公司
　　　　　讀者服務信箱：service@showwe.com.tw
展售門市／國家書店（松江門市）
　　　　　104台北市中山區松江路209號1樓
　　　　　電話：+886-2-2518-0207　傳真：+886-2-2518-0778
網路訂購／秀威網路書店：https://store.showwe.tw
　　　　　國家網路書店：https://www.govbooks.com.tw

2021年7月　BOD一版
定價：400元
版權所有　翻印必究
本書如有缺頁、破損或裝訂錯誤，請寄回更換

Copyright©2021 by Showwe Information Co., Ltd.
Printed in Taiwan
All Rights Reserved

讀者回函卡

國家圖書館出版品預行編目

日本時代臺灣運動員的奧運夢：林月雲的三挑戰
　與解開裹腳布的女子運動競技 / 金湘斌著. --
　一版. -- 臺北市：秀威資訊科技股份有限公司,
　2021.07
　　　面；　公分. -- (史地傳記類；PC1025) (讀歷
史；137)
　　BOD版
　　ISBN 978-986-326-943-4(平裝)

　1. 林月雲　2. 運動員　3. 日據時期　4. 臺灣

528.9　　　　　　　　　　　　　　　110010309